KB057505

백제 계산 공주 이야기

백제 계산 공주 이야기

의자왕의 딸,
여전사女戰士,
비운의 미녀 공주

이도학 지음

서경문화사

머리말

한국 고대의 여인상을 떠올려 본다. 세칭 평강 공주, 낙랑 공주, 선화 공주 모두 지존한 지위를 지닌 공주님들이다. 온달의 품에 안겨 "바보 온달에게 시집보내겠다"고 입버릇처럼 내뱉던 부왕의 말이 식언이 되지 않도록 했다. 아버지와 그 남자, 내 나라와 내 나라를 먹으려는 그 남자의 나라 사이에서 깊은 고민에 빠졌다가 눈 딱 감고 자명고를 부욱 찢었다. 마지막은 부왕에게 쫓겨나 어디서 온지도 모르는 그 남자에게 인생을 맡긴 공주였다.

한결같이 부왕과의 갈등, 그리고 남정네에게 자신의 모든 것을 맡기는 이야기로 짜여졌다. 이 중 고구려 사내와 연계된 두 공주 이야기는 사뭇 비극적이다. 전자의 남편은 전장에서 유시流矢에 맞아 순국하였고, 후자는 검劍에 엎어져 자진自盡했다. 백제로 시집간 공주는 자신이 발원한 미륵사가 준공될 무렵에는 보이지 않았다. 적국으로 시집간 그녀의 삶이 어떠했는지 짐작되어진다.

세 공주는 모두 자신이 선택한 길을 흔들림 없이 강단 있게 걸었다. 그러니 스토리의 비극성 여부를 떠나 후회가 있었을까? 물론 사실과 허구가 뒤섞인 몽환적夢幻的인 분위기도 물씬하지만, 세 공주를 통해 고대적인 관념과 정서를 헤아리는 일은 어렵지 않아 보였다.

세 공주 이야기는 사실 여부를 떠나 문화 자산으로 기여한 바가 실로 컸다. 모두 뮤지컬로 공연된 바 있거나, 근대의 국극國劇 무대에도 자주 올랐던 소재들이었다. 게다가 관광상품화에도 어느 정도 성공했다. 그러면 여기서 한 가지 의문을 제기해야 마땅하다. 왜 백제 공주 이야기는 없는가?

물론 백제 공주 이야기는 자료가 부족하다는 이유로 연구가 되지 못했다. 그러나 부여 능산리 목탑터에서 나온 사리감에 이체자異體字로 적힌 '형묘 공주'가 있지 않은가? 그녀는 위덕왕의 딸인 공주들보다 항렬이 위였다. 국왕의 여동생이었기에 '형 공주'로 적혀 있었다. 고모도 왕고모(대고모)와 그냥 고모의 두 종류가 아니던 가? 물론 아쉽게도 공주의 이름은 알 길이 없지만, 전후 정황을 헤아려서 얼마든지 스토리텔링화할 수는 있었다.

많지 않은 전승이나 기록 속에서 백제에도 공주 이야기가 구체적으로 전하여왔다. 역시 비극성을 내재한 공주였다. 의자왕의 딸이었고, 미녀였지만 무예를 익혀 출중한 기량을 자랑하였고, 남해의 여자 도사에게 신술神術을 배워 천하무적의 자용병기自勇兵器를 개발했고, 스스로 까치로 변하여 날아다니기도 했다. 그녀는 부왕인 의자왕에게 신라와 화평하라고 애원했지만 받아들여지지 않았다. 백제 운명의 날에 그녀는 까치가 되어 총사령관 소정방의 진영陣營 위에서 요란하게 지져대었다. 이때 그녀는 김유신과의 대결에서 김유신의 신검神劍을 이기지 못하고 추락하였다. 그길로 궁중으로 날아가 부왕에게 다시금 간곡하게 요청했지만 받아들여지지 않자, 자신이 만든 자용병기를 부쉬버리고 산속으로 들어갔다고 한다.

까치로 변신한 백제 공주 이야기는 『삼국유사』와 『동경잡기』에 편린이 전한다. 전자에서는 까치가 시끄럽게 지저귀자 소정방이 겁을 먹고 군대를 돌리려 했다고 적혀 있다. 내키지 않은 전쟁의 지휘관이 된 소정방의 무능과 이로 인해 전쟁의 주도권을 김유신이 거머쥐게 된 일화로 적혀 있었다. 후자의 기록은 경주 외곽 작원鵲院이라는 역원의 내력을 설명하기 위해 적어놓은 것이다. 기존 문헌에서의 기록은 여기까지였다. 그런데 일제 때 무라야마 지준村山智順(1891~1968)이 채록한 설화에서 계산桂山이라는 공주 이야기가 구체적으로 보였다. 이 설화는 기승전결起承轉結의 서사 구조를 지닌데다가 명징明徵한 주제 의식을 갖추었다. 본 설화는 필자의 저서(『삼국통일, 어떻게 이루어졌나』, 학연문화사, 2018, 309~310쪽)에서 전문 번역되어 게재된 바 있다.

필자가 분석해 보니 무라야마 지준이 채록한 설화와 앞서 언급한 두 기록은 연관성이 있는 정도가 아니라 한 몸체였다. 저자의 관심사에 따라 계산 공주 이야기 중 일부씩 떼어져 소개되었을 뿐이다. 그런데 가장 후대에, 그것도 채록된 설화가 원형이었다.

본서의 제2부에 수록된 글은 필자가 분석하여 학술지에 수록한 논문이다. 그리고 제1부는 계산 공주 설화의 활용 차원에서 필자가 소설 형식으로 집필한 글이 된다.

　의자왕 당대의 국제질서는 여제女帝의 시기였다. 당에서는 고종의 아내인 무측천武則天이 실권을 쥐고 있었다. 신라에서는 선덕여왕과 진덕여왕이 내리 통치하는 여왕의 시대였다. 왜에서는 사이메이齊明 여왕이 통치하고 있었다. 본서의 주인공이 활약하는 백제에서는 의자왕의 왕후인 은고恩古라는 여인이 호령하였다. 이렇듯 7세기 중반의 동아시아 세계는 '여인천하'였던 것이다. 동시에 정변과 동란의 시기였다. 연개소문의 정변 뿐 아니라 각 나라에서는 정변을 통해 강력한 권력이 태동했다. 역학관계상 마찰과 충돌이 불가피한 강대강強對強 구도였다.

　이러한 환경에서 지존한 공주가 무예를 배우고, 또 까치가 되어 적정敵情을 탐지하는 요소는 돌발적이지만은 않아 보인다. 당시 백제인의 정서와 바람이 담겨 있다고 여겨졌기 때문이다. 실제 세계사적으로도 여성이 전쟁에 나간 사례는 적지 않았다. 런던의 템즈강변에 동상이 세워진, 로마군과 맞서 싸웠던 켈트족 여왕 부디카Boudica를 비롯하여 숱하게 확인된다.

그런데 계산 공주 이야기는 종법宗法 질서를 엄중하게 강조한 조선 후기의 관념으로는 이해되지 않을 것이다. 그러나 여성이 자신의 의지로 운명을 개척하고 삶의 주체가 되는 계산 공주 이야기를 통해 한국 고대 여성의 역동적인 삶을 제대로 일깨우고자 했다.

본서를 통해 '뮬란'처럼 2차 콘텐츠인 영화·게임·애니메이션 등 영상물로 기획하고, 3차 콘텐츠로 각종 캐릭터 상품과 OST·DVD·여행상품으로 활용함으로써 소년들에게는 꿈과 재미를, 어른들에게는 동심童心을 자극하여 도전 정신을 촉발하는 촉매제가 되고, 관광상품 개발에도 기여할 것으로 기대한다.

자유로운 영혼인 계산 공주를 '시집' 보내는 일은 결코 용이하지 않았다. 가뜩이나 어려운 출판 환경에다가, 역질로 인해 집에 틀어박혀 있는 일이 증가했지만 도무지 책을 읽지 않은 풍조가 만연해서였다. 다행히

40년 가까운 오랜 인연 덕에 출간을 결행한 김선경 사장과 편집을 맡아준 김소라 님에게 감사를 표한다. 필자로서는 30번째 저서의 출간인 것이다. 부디 본서가 문화 자산의 활용 차원에서 적극적인 관심을 받기를 바란다. 그렇지만 본서의 지적재산권은 분명히 준수해야 할 것이다. 이 점 분명히 밝혀둔다.

희양산방에서
2020년 12월 5일
이 도 학

목차

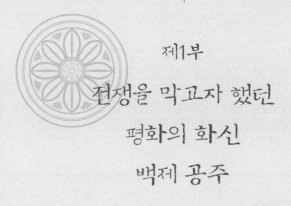

제1부
전쟁을 막고자 했던
평화의 화신
백제 공주

어머니 아닌 어머니

백제라는 나라를 통치하는 최고 지위는 왕이 아니었다. 물론 엄연히 왕은 존재하고 있었다. 그러나 왕 위에 여인이 버티고 있었다. 그녀는 왕의 어머니였다. 『일본서기』에서 국주모國主母로 기록된 여인이다. 왕의 어머니이기는 하지만 법적인 관계일 뿐이었다. 그녀는 백제 최고 귀족 가문인 사탁씨沙乇氏였다. 흔히 대성팔족大姓八族으로 운위되는 사택씨였다. 교과서에 실린 사택지적비砂宅智積碑로 유명한 사택지적의 사택씨와 사탁씨는 동일한 가문이었다.

국주모는 좌평 사탁적덕沙乇積德의 딸이었다. 그녀는 가문의 힘으로 백제 왕의 왕후가 되었다. 그러한 왕후에게는 미리 와서 왕의 어깨에 기대선 여인이 눈에 띄었다. 게다가 그 여인과 왕 사이에는 아들까지 있었으니 명실공히 원자였다. 그렇지만 왕 곁에 미리 와 있는 여인은 이국녀였다. 타국에서 포위된 채 살고 있는 여인은 그녀의 상대, 아니 적수가 될 수는 없었다. 시간이 해결해 주었다.

그녀도 아들을 낳았으니 왕모가 될 수 있었다. 왕자는 첫째고 둘째고 간에 왕이 될 수 있는 잠재적 권리를 지닌 존재였다. 미리 온 여인이 낳은 왕자는 원자이기는 하지만 실망할 이유는 없었다. 가문의 힘으로 얼마든지 제끼고 자신의 왕자를 태자로 만들 수 있다. 그녀는 여인은 물론이고 원자의 성정과 동정에 촉각을 곤두세웠다.

그리 많은 시간이 소요되지도 않았다. 이국에서 온 첫 번째 왕비는 시야에서 사라졌다. 그녀에게는 눈엣가시 같은 여인이 퇴출되었다. 그녀의 시선은 원자에게만 쏠렸다. 원자는 잘생긴 용모에 외탁을 해서인지 훤칠한 키에 성정도 반듯했다. 하루도 거르지 않고 조석으로 문안 인사를 올리러 왔다. 남의 자식이고, 무너뜨려야 할 상대지만 하는 짓은 가상했다. 원자는 그녀가 낳은 아들에게도 살갑게 대하였다.

원자에 대한 세평은 몹시 좋았다. 공자孔子의 제자 증자曾子와 민자閔子를 합쳐 놓은 것 같다고 했다. 그를 '해동의 증민' 즉 백제의 증자와 민자로 일컬었다. 민자는 계모에게도 효성이 지극했다. 원자가 그녀에게 보인 효성에 견주어 붙인 별칭이었다.

원자에 대해 귀족들도 깊은 관심을 보였다. 어머니로 인한 출신의 하자가 있지만 첫째 왕자이고, 성정이 반듯하여 칭송을 받고 있었기 때문이다. 원자는 즉위할 수 있는 객관적인 조건을 갖추고 있었다. 귀족들은 자신의 딸을 원자의 배우자로 보냈다. 귀족들은 정략 차원에서 혼사를 맺은 것이다. 왕으로서는 숱한 유력 귀족들과 사돈 관계를 맺음으로써 자신과 튼튼한 유대의 끈을 공유하는 일이 나쁠 리 없었다. 이로 인해 원자는 자의반 타의반 상당한 숫자의 아내를 얻게 되었다. 부왕의 뜻을 거스르지 못하는 원자의 강박관념적인 효 인식도 한몫했던 것이다.

그녀는 원자가 태자되는 일을 막아야 하는 과제를 안았다. 그녀는 베갯잇 송사를 했다. 효과가 있었다. 후계자이자 국정의 이인자인 태자 책봉은 미루어졌다. 왕자들은 태자로 책봉되고 나아가 즉위할 수 있는 가능성을 지녔다. 모두 꿈을 꾸거나 환상을 품을 수 있었다. 그녀는 시간을 번 상황에서 원자의 흠을 잡으려고 부심했다. 그녀가 가지고 있는 모든 촉수를 동원하였다. 그렇지만 원자는 신기할 정도로 반듯했다. 불평과 불만이 들릴 만도 하였지만 일절 없었다.

어쩔 수 없었다. 더 이상 늦출 수도 없는 일이었다. 왕은 연령과 노쇠로 인해 왕자 누군가를 태자로 책봉해야 했다. 그녀는 자신의 왕자를 태자로 책봉하게 하려고 했지만 명분이 없었다. 원자라는 크나 큰 장애물을 뛰어넘어야 했기 때문이다. 고심 끝에 왕은 재위 33년 되던 해에 원자를 태자로 책봉했다. 원자의 장인이 되는 복수의 유력 가문에서도 그를 지원하였다. 원자는 불혹의 연만한 연령이었다. 여전히 원자는 그녀에게 지극과 정성을 쏟았다.

그녀의 근심은 함께할 날이 촛불 심지처럼 끊임없이 바삭 바삭 타들어가는 왕의 수명이었다. 왕의 재위 40년을 맞아 대찰大刹이 준공되었다. 자신의 남편과 첫 여인이 발원한 사찰이었다. 불사리를 모신 내력과 소망을 새긴 금판에 그녀가 쏟을 수 있는 내용은 무엇이었을까? 그녀로서는 계면쩍은 일이었다. 미륵부처의 출원과 관련한 웅장한 서사를 말할 계제가 되지 못했다. 그녀의 소망은 단 하나였다. 미륵국토의 구현이나 전란이 없는 화평한 세상은 현실의 문제가 아니었다. 오직 하나, 남편의 수명이 산악과 같이 견고하기를 바랄 뿐이었다.

국가나 왕실이 주도한 역사役事의 발원문에는 왕과 왕비, 이인자인 태자나 세자의 이름이 등장한다. 그녀는 빈말이라도 원자를 넣을 수 없었다. 이제는 태자까지 된 원자였다. 그러니 태자의 유고로 인해 자신의 왕자가 즉위하는 날을 기대할 뿐이었다. 그녀는 너무나 솔직하였다. 마음에 없는 말을 할 수가 없었다. 사찰의 공기工期나 들인 공력에 비해 너무나 소박하고 솔직한 발원문이었다.

대찰의 낙성 법회에 왕은 노구를 이끌고 왔다. 중앙에 창공으로 솟은 우람한 목탑과 좌우에 석탑이 든든하게 버티고 있었다. 세 개의 탑 앞에는 그림 같은 연못이 펼쳐져 있었다. 왕은 지긋히 눈을 감고 옛 생각에 젖는 듯했다. 태자의 생모가 발원하여 미륵삼존이 출현한 이 못을 메우고 지은 절이 아니던가?

그리고 딱 2년 후 왕은 자신이 갈구했던 미륵의 정토

로 건너갔다. 햇수로 42년 재위한 부여장扶餘璋이었다.

인고의 세월, 의자 태자의 즉위

왕자로 있던 기간이 무려 32년, 오랜 기간 저울대에 올려졌던 의자義慈 태자가 즉위하였다. 새 왕은 앳돼 보이지는 않았다. 관록 있어 보이는 새 왕은 왕자나 태자 시절에 혁혁한 무공을 세웠다. 왕의 성정을『삼국사기』는 '웅용유담결雄勇有膽決'이라고 하였다. 빼어나게 용맹하고, 굳센 담력과 일을 딱 잘라서 결정하는 결단력을 갖추었다고 했다. 즉위 전에도 신라와의 전투에서 숱한 무공을 세웠기에 용맹과 담력에 관한 수사가 붙은 것일 게다.

의자왕은 즉위와 동시에 자신의 통치 구간 전역을 훑으며 민정을 살폈다. 새시대가 열린 양 백성들은 환호했다. 숱한 고충과 민원을 접한 왕은 대사면령을 내렸다. 죽을 죄를 제외하고는 모두 방면해 주었다. 성군의 출현이었다. 민심을 수습하고 다독인 후 왕은 몸소 군대를 이끌고 신라를 쳐서 미후獼猴 등 40여 성을 일거에 함락시켰다. 지금의 서부 경남 지역이 모두 백제로 넘어왔다. 여세를 몰아 왕은 1개월 후에 장군 윤충允忠을 보내 군사 1만 명으로 신라의 대야성을 공격하여 함락시켰다. 대야성은 신라의 실권자인 김춘추金春秋의 사위와 딸이 있던 전략적 요충지였다. 백제는 이들의 신병을 모두 확보하는 압승을 거두었다.

의자왕은 내치와 외정外征에서 모두 성공하였다. 왕의 위세는 가위 하늘을 찔렀다. 시험대에 선 의자왕의 즉위 원년은 대성공을 거두었다. 의자왕이 주도한 신라와의 전쟁에서 백제는 지속적인 대승을 거두었다. 이러한 의자왕대의 성세盛世를 '증민曾閔의 치治'라고 일컬었을만 했다. 당 현종의 재위 전반을 '개원開元의 치'라고 한 칭송과 견주어진다.

피비린내 나는 655년 정월

655년 정월이었다. 상왕처럼 왕을 감시하며 군림했던 사실상 여제女帝인 사탁씨 왕후가 세상을 건너갔다. 즉위하고도 은인자중하던 왕이었다. 세상을 죄다 거머

쥔 것처럼 비쳤지만 항시 일인지하一人之下였다. 그러한 왕에게 국주모로 적힌 사탁씨 왕후가 사라진 것이다. 전광석화 같았다. 왕은 자신도 놀랄만한 정도로 빠르게, 그러니까 전격적으로 손을 썼다. 왕후 곁에서 권력을 행사하던 왕자와 왕후의 여동생들, 그리고 이에 빌붙어 있던 좌평급을 비롯한 고관들 무려 40여 명을 체포하여 섬으로 보냈다.

백제 조정 내에서 정변이 발생한 것이다. 동북아시아의 각국에서 발생한 정변 도미노는 백제가 가장 늦었다. 당에서는 626년 6월에 이세민은 현무문玄武門에 함께 들어선 형인 건성과 아우인 원길을 살해하고 황제에 올랐다. 642년 9월에 고구려 연개소문이 국왕과 대신들을 집단 살육하고 집권했다. 신라에서는 647년(선덕여왕 16) 정월에 여왕 폐위를 목적으로 상대등 비담이 반란을 일으켰지만 패하였고, 그 와중에 여왕은 사망했다. 그러나 여왕 폐위가 무색하게 다시 여왕이 즉위했으니 진덕여왕이다. 여왕을 축으로 한 김춘추와 김유신이 결속한 신라 특유의 권력 집중 방식이 태동하였다. 645년 6월에 왜에서도 소가蘇我씨 세력을 제거한 다이카大化 개신을 통해 구축한 국정혁신을 기반으로 강력한 권력이 구축되었다. 655년에 백제에서도 국왕 중심의 권력이 구축된 것이다.

이렇듯 동아시아 5개 국은 7세기 중엽에 이르러 공고한 권력 구축에 모두 성공했다. 대외정책에서도 일전불사의 강대강強對强 구조였다. 스토롱맨과 스트롱우먼의 등장이었다. 신라와 당, 이에 대응하는 고구려와 백제 및 왜로 이어지는 축선軸線이 구축되었다.

딴판의 의자왕 등장

의자왕은 귀족세력의 견제에서 벗어나 권력 독주가 가능해졌다. 국왕을 견제할 수 있는 귀족 공동체의 결집력을 와해시킨 의자왕은 이내 매너리즘에 빠졌다. 의자왕은 즉위 전부터 재위 15년까지의 오랜 기간 동안 사뭇 긴장된 생활을 하였다. 그러나 이제는 정적들을 제거함에 따라 정치적 긴장에서 해방되었다. 해동증자라는 칭송이 더 이상 의자왕을 구속할 수 없었다. 의자왕은 너무나 지쳐 있었고, 눈치 볼 사람도 없어졌다. 환갑을 넘긴 의자왕의 가슴 속에 갇혀 있던 생동적 에너

지는 음란과 향락의 방향으로 뿜어져 나왔다. 의자왕의 이러한 사치와 탐락은 백제 멸망의 요인으로 자리 잡았던 것 같다. 이와 관련해 "덕행은 언제나 곤궁 속에서 이루어지고, 몸을 망치는 것은 대부분 뜻을 얻었을 때이다成德每在困窮 敗身多因得志"라는 『용언庸言』의 말이 실감난다.

중국 진晉 무제의 경우도 본래 검소했지만 오吳를 정벌하여 삼국을 통일한 후 거의 1만 명의 후궁을 두었다. 좌평 성충成忠은 의자왕이 궁녀들을 데리고 음란과 향락에 빠져 술 마시기를 그치지 않자 극력 말리다가 옥사하였다. 이 같은 백제 궁중의 부패와 타락은 요직에 있던 좌평 임자任子를 통하여 신라의 중신重臣 김유신에게 고스란히 전해졌다.

강대강 구도 속 여제女帝들의 등장

655년에는 당 고종高宗(재위 649~683)의 황후가 된 여걸이 등장했다. 유명한 무측천武則天이었다. 측천은 본시 당 태종의 후궁이었지만, 태종 사후 절간에 비구니

로 있다가 고종의 눈에 들어 궁에 다시 들어 왔다. 입궁
후 측천은 비상한 수완을 발휘하여 비빈들을 제거하고
나아가 황후마저 폐위시키고 자신이 황후가 되었다. 무
후武后인 측천은 나약하고 무능한 고종을 대신하여 국
정을 주도했다. 급기야 무후는 65세인 690년에 황위를
찬탈하고 스스로 황제가 되었다.

　신라에서는 632년에 진평왕의 맏딸 덕만 공주가 즉
위했다. 그녀가 재위한 15년간은 신라의 최대 위기였
다. 신라는 백제 의자왕의 동진을 막아내느라 끊임없이
부대꼈다. 신라는 자력으로 막기 어려운 국가적 위기를
타개하기 위해 당에 구원을 요청했다. 당 태종은 신라
의 위기를 이용해 가볍게 병탄할 궁리를 하였다. 급기
야 여왕 통치력의 한계가 임계점에 이르자 신라 지배층
의 분열과 더불어 여왕 축출이 논의되었다. 통일 이전
신라 최대의 내전인 상대등 비담의 난은 그 연장선이자
절정이었다. 선덕여왕 사후 여왕에서 여왕으로, 다시금
여왕인 진덕왕이 즉위했다.

　642년에 왜에서도 여왕이 등장했다. 죠메이舒明 천황
의 왕비가 즉위하였다. 죠메이와 왕비 사이에는 자녀가
있었다. 그럼에도 배우자가 즉위하니 고교쿠皇極 천황

인 것이다. 고교쿠는 자신의 안전眼前에서 아들인 나카노오에中大兄 황자가 실권자인 소카노 이루카蘇我入鹿를 참살하는 참혹한 장면을 목도하고는 충격을 받아 하야했다. 3년 6개월 만이었다. 그로부터 10년이 채 되지 않은 655년에 고교쿠는 친아들이자 황태자인 나카노오에의 옹립으로 다시 즉위했다. 이후 그녀는 사이메이齊明 천황으로 불린다. 한 명의 왕이 즉위와 퇴위 후 다시 복위한 것이다. 이를 일러 복벽復辟이라고 한다. 우리나라에서는 고려 27대 충숙왕(1314~1330, 1332~1339)과 28대 충혜왕(1331, 1340~1344)의 사례가 있다.

백제에서도 의자왕이 친위정변에 성공한 655년 이후 여걸이 등장했다. 「대당평백제국비명」을 보면 백제 멸망의 원인으로서 "항차 밖으로는 곧은 신하直臣를 버리고, 안으로는 요부妖婦를 믿었으며, 형벌이 미치는 바는 오로지 충량忠良에게 있었다"고 했다. 의자왕이 좌평 성충과 흥수興首를 옥사시키거나 유배시킨 사실과 연결된다. 그리고 의자왕이 '요부'를 혹신했음을 알 수 있다. 이 '요부'는 고구려 승려 도현道顯의 『일본세기』에 보이는 '요녀妖女'를 가리킨다. 즉 "혹은 말하기를 백제는 스스로 망했다. 군대부인君大夫人 요녀의 무도로 말미암아

국병國柄을 멋대로 빼앗아 현량을 주살한 까닭에 이 화禍를 불렀으니 삼가지 않을 수 없다"고 한 글귀에 보인다.

의자왕의 총애를 받던 '요부'·'요녀'로 기록된 여인은 당으로 붙잡혀간 명단 중 "백제 왕 의자, 그 아내 은고, 그 아들 융 등 그 신하 좌평 천복과 국변성과 손 등 등 무릇 50여 명百濟王義慈 其妻恩古 其子隆等 其臣佐平千福·國辨成·孫登等 凡五十餘"라고 하여 보인다. 요녀는 '군대부인' 곧 왕비 은고를 가리킨다. '요녀'나 '요부'는 "요사하고 망령된 여자"라는 부정적인 이미지를 담고 있다. 그리고 "국병 즉 나라 권력을 멋대로 빼앗아"라고 했다. 의자왕 권력의 상당 부분이 은고에게 넘어갔음을 뜻한다.

요부와 요녀로 기록된 은고는 군대부인이라고 했다. 그녀는 의자왕의 왕비였다. 이와 맞물려 의자왕 4년에 책봉된 융隆은 동일한 『삼국사기』에서 멸망할 때는 왕자로 적혀 있다. 반면 태자는 효孝였다. 융은 폐태자되고 효가 태자로 책봉되었다. 그 시점은 655년 이후였다. 새로 책봉된 태자 효의 권위와 위신을 세워주기 위해 정변 직후인 655년 2월에 태자궁을 대단히 화려하고 사치스럽게 수리하였다.

의자왕은 국주모 사망 직후에 전광석화 같은 정변을
단행하여 사탁씨 왕후 일족들을 제거하였다. 의자왕과
손잡은 세력이 은고 일파였다. 그 대가로 은고의 아들
효가 태자로 책봉되었다. 절대권력을 장악한 의자왕에
게는 이제 휴식이 필요했다. 노쇠한 의자왕을 대신하여
권력의 중심에 접근한 이가 은고였다. 당과 신라, 그리
고 왜 나머지 백제까지도 무한 권력을 지닌 여제가 등
장하였다. 고구려만 절대 권력자가 유일하게 남성이었
다. 연개소문 앞에서는 내노라하는 뭇 남자들도 와들와
들 떨고 있었다.

655년 전후는 동북아시아 정치 지형도의 획기였다.
중화제국의 당, 고구려와 백제, 신라와 일본열도의 왜 5
국 가운데 네 나라의 최고 권력자가 여성이었다. 측천과
진덕여왕이 한 패이고, 은고와 사이메이가 손을 잡았다.
그 틈새에 절대권력을 쥔 남자 한 명이 버틴 형세였다.

성년의 남장 공주

의자왕은 자녀가 몹시 많았다. 의자왕은 657년(재위

17)에 서자 41명을 좌평에 책봉하고 각각 식읍食邑을 제수하였다. 서얼 출신의 성인 남자만 41명이었다. 여기에 왕후 출신 자녀와 남녀 성비를 감안하면 의자왕은 최소한 100명 넘는 자녀를 거느렸다. 자녀가 많으면 바람잘날 없는 측면도 있겠지만 특출난 인물도 배출된다.

의자왕의 셀 수 없는 자녀 가운데 용맹과 담력, 그리고 결단력을 물려받은 이가 있었다. 씩씩한 성정에다가 작은 일에 구애받지 않는 활달한 공주였다. 계산桂山이라는 이름의 공주를 가리킨다. 달나라의 계수나무는 베어 넘어지지 않고 영원히 그대로 남아 있다고 한다. 미모의 공주는 누구도 가 볼 수도 없고, 닿을 수도 없는 달 속의 계수나무에 견주었다. 공주는 자신을 계수나무가 있는 산이라는 뜻으로 계산이라고 이름하였다.

계산 공주는 어렸을 때부터 남장을 하고 무예를 닦는 일을 즐겨 했다. 공주가 무예에 몰입하게 된 계기는 왕실의 아픈 역사를 알고서였다. 부왕 의자왕의 고조부인 성왕이 어떻게 죽었는지를 알고 나서였다. 여자라고 하더라도 무예를 배워 나라를 지켜야한다는 믿음이 싹텄다. 공주는 선조인 개로왕이 고구려군에 피살되었던 비극도 들었다. 한 나라의 국왕이 적군에게 죽었다는 것은 전율할만한 사건이었다. 어떻게 그런 비극이 가능할 수 있었을까?

무예의 수준은 높아졌다. 그렇지만 무술에 대한 공주의 갈증은 해소되지 않았다. 검법을 배운 공주의 수준은 누구도 쉽게 감당하지 못했다. 공주는 그간 익힌 검법을 실전에 사용하고자 하였다. 부왕에게 간청하여 백제 군대를 따라 전장에 모습을 드러내기도 했다. 신라군과의 전투에서 무용을 한껏 발휘한 공주였다. 공주는 쫓겨가는 신라군을 볼 때마다 깔깔거리며 투구를 벗어던졌다. 패주하던 신라군은 그 모습을 볼 때마다 자지러졌다. 자신들을 유린했던 대상이 여자라니? 여우에 홀린 듯한 기분이고는 했다.

공주와 은고恩古의 대립과 갈등

655년 정월은 의자왕이 득의에 찬 시점이었다. 친위 정변을 단행하여 이제 권력을 온전히 장악하였기 때문이다. 명과 실이 부합하는 백제 대왕이 되었다. 이와 엮어져 백제 정계에는 지각 변동이 일어났다. 일차적으로 사탁씨 왕후 세력이 제거되었고, 이차적으로 의자왕의 왕후 세력이 벼락을 맞았다. 피 비린내 진동하는 숙청이 이어졌다. 계산 공주의 어머니인 왕후는 폐비가 되었고, 오라버니인 태자 융은 폐태자되었다. 그 자리를 부왕이 총애하던 여인과 그녀의 아들 효가 채웠다.

오라버니 융은 태자에서 왕자로 강등되었다. 공주 외가와 친남매들은 살아 있는 것만도 다행으로 여겨야 했다. 계산 공주와 왕비 은고는 서로에게 눈엣가시 같은 존재였다. 서로 보지도 않고 또 없어져야 편한 대상이었다.

후궁에서 군대부인 즉 왕후가 된 은고는 노쇠한 의자왕의 눈을 가리고 권력을 쥐고 흔들었다. 은고에게는 뇌물이 줄을 이었다. 은고의 전횡을 탄핵했던 중신들에게는 감옥이 기다렸다. 은고 주변에는 임자와 같은 이중간첩들이 널려 있는 상황이었다.

공주는 은고와 사사건건 충돌했다. 은고는 백제의 미래를 낙관했다. 계속하여 신라를 밀어붙이면 신라의 항복이 닥쳐 올거라고 노상 주장했다. 공주는 이와는 달랐다. 궁한 쥐를 몰아붙였다가는 오히려 물릴 수 있으니 이기고 있는 적정 선에서 조절이 필요하다는 속도

조절을 말했다. 그러나 눈치 빠른 중신들은 은고의 낙관론에 모두가 좌단하고는 했다. 그 때마다 공주는 탄식을 내 뱉고는 하였다.

결혼 싫다,
궁중을 나와 여 도사를 찾아 가다

은고는 궁중에서 계산 공주를 추방하고자 했다. 가장 용이한 방법은 시집 보내는 것이었다. 적당한 귀족의 아들과 짝을 지워주기를 베갯잇 송사로 관철시켰다. 은고의 말은 틀리지는 않았다. 혼령기에 접어 들었고, 왕녀였기에 혼처는 깔려 있었고, 선택할 수 있는 위치이기도 했다. 그러나 공주는 완강하게 결혼을 거부했다. 꾀가 많은 은고는 공주를 추방할 수 있는 또 다른 방안을 제시했다. 국내에서는 공주를 능가할 수 있는 검사劍士가 없으니 남해도에 빼어난 여자 도사가 있다고 하니 몇 년 더 수련을 하는 게 좋지 않을까. 공주는 은고의 속셈을 눈치 챘지만 차라리 이길 수도 없는 싸움에서 궁중이라는 지긋지긋한 현장을 벗어나는 게 좋겠다 싶었다.

공주는 단신으로 남으로 남으로 내려갔다. 주막에서 머물 때 은고가 따라붙인 자의 사주를 받아 주모에 의해 독살당할 뻔했다. 위기를 모면한 공주는 걸음을 재촉하여 바닷가에 이르렀다. 다사진多沙津 나루에서 기항한 배를 타고 전야산轉也山이라는 큰 섬으로 향했다. 그런데 항해 도중 갑자기 배가 오도가도 못하지 않은가. 사공이 고개를 갸웃하며 중얼거린다. "죽었어야할 여자가 타고 있는 것 같다. 죽은 여인이 산 사람과 동승했다. 황천 가는 배가 되고 말 것 같아. 여자가 있으면 당장 내리시오!" 몇 사람의 눈길이 공주에게 꽂혔다. "내가 여자 맞소. 그렇지만 이 허허 바다에서 내리라면, 나더러 죽으라는 소리가 아니유?" 사공이 소리를 높였다. "여자 한 사람 때문에 여기 동승한 무고한 남정네들이 모두 죽을 수는 없지 않소!"

공주의 마음은 새카맣게 타올랐다. 이런 경우는 어떻게 해야 하나? 수영에는 자신이 있었던 공주는 일단 바다 복판으로 몸을 던졌다. 순간 송아지만한 백조 한 마리가 쏜살같이 오더니 공주를 업고 날쌔게 어디론가 향했다. 큰 섬 해변에 내려놓더니 증발하듯이 사라졌다. 뒤돌아 보니, 조금 전까지 탔던 객선은 뒤집어져 서서히 바다 속으로 가라 앉고 있지 않은가.

섬은 하늘이 보이지 않을 정도로 원시림이 빽빽이 우거져 있었다. 풀섶을 헤치고 가는데 사람 머리 두 개를 합쳐 놓은 정도의 머리에 뿔까지 달린 흰 구렁이가 시뻘건 혓바닥을 날름거리며 다가왔다. 공주가 칼을 뽑아 내리쳤더니 떨어진 머리 하나가 두 개가 되고, 또 세 개가 되는 게 아닌가. 뱀 머리 세 개가 혓 바닥을 길게 뽑아 잡아먹을 듯이 달려왔다.

공주는 천애의 자연림 속에서 숱한 요괴와 요물들을 퇴치하고 나갔다. 그런데 어느 순간 허공에서 소리가 들렸다. "호호호~~ 내가 공주를 모셔오라고 한 사람이요. 두려워하지 마세요!" 이후 공주는 여 도사 밑에서 수련을 하였다.

무예 연마

여름이 가고 가을이 오고, 겨울이 지나고, 공주의 수

련은 끝이 없었다. 동굴에서의 침잠沈潛 등 고통을 수반한 갖은 수련을 했다. 공주는 둔갑술도 배웠다. 부왕을 닮아 머리가 명석했던 공주는 깨우치는 속도가 몹시 빨랐다. 마지막에 공주는 스승으로부터 비장의 한 수를 배웠다. 몸을 까치로 바꾸는 변신술이었다. 까치로 변하여 멀리 날아갈 수 있고, 그러니 정찰도 가능했다. 스승이 당부했다. 아주 오래 전이었다. 수련하던 소년의 정성에 감동하여 자신의 오빠가 신검神劍을 내려준 적이 있다고 한다. 그 신검만 피하면 천하무쌍일 것이라고 했다.

사계가 빠르게 몇 차례 지나간 후에 공주는 스승과 작별했다. 스승은 당부했다. 너의 출중한 무예로 세상을 이롭게 하라고!

만능의 무기 제작

공주는 궁중으로 돌아왔다. 부왕을 알현하였다. 부왕이 궁금해 하기에 왕과 귀족들이 보는 앞에서 비술祕術을 선보였다. 궁문 앞에서였다. 그리고 백제에서 무예의 고수와 대련했지만 쉽게 넘어뜨렸다. 왕과 귀족들은 공주의 팔목할만한 눈부신 무예에 넋을 잃었다.

공주는 천하무적 병기兵器를 개발했다. 자용병기自勇兵器라는 무기를 발명하여, 스스로 천하무적으로 일컬었다. 철로 만든 활과 칼[刀]에는 신장神將의 이름을 새겨 넣었다. 공주는 자용병기의 위력을 왕과 귀족들에게 보여 주었다. 공주는 자용병기를 사용할 때 허공을 향해 알아들을 수도 없는 주문을 노래하였다. 지켜 보는 이에게는 기괴한 느낌을 주는 음산한 분위기가 감돌았다. 그러자 홀연히 많은 군대가 삽시간에 나타났다. 자용병기는 백제를 지켜주는 무적의 병기였다. 문자 그대로 '저절로 날래지는 병기' 즉 알아서 용감하게 싸워주는 병기를 소유한 것이다.

공주는 일순 몸을 솟구쳤다. 공주의 모습은 보이지 않았다. 한 마리의 까치가 비상하고 있었다. 까치는 훨훨 날아 가는 듯 하더니 양 날개를 몸에 붙이고 일직선으로 빠르게 돌진했다. 잠시 후 돌아 온 까치는 공주의 몸으로 돌아왔다. 왕과 귀족들은 탄성을 질렀다. 공주가 말했다. 동부 전선을 시찰하고 왔는데, 김유신이 군병을 거느리고 가조성加祚城 쪽으로 밀려오고 있으니,

빨리 증원군을 보내라고 진언하였다. 반신반의하고 있는데 봉화가 올라오고 있었다.

신묘한 주술의 발휘

조정은 은고의 세상이었다. 해동증자니 해동증민 소리를 들으며 엄숙하면서 반듯하게 살았던 의자왕은 지쳐 있었다. 긴장하면서 살아 온 기간이 너무나 길어서였을까. 그야 말로 위임통치일 뿐 실제는 여제 은고의 손아귀에서 쥐락펴락해졌다. 한 없이 순하기만 한 태자 효는 어머니인 은고 앞에서 어깨도 들썩이지 못했다. 뇌물이 공공연히 행해졌다. 좌평 임자는 김유신과 기맥을 통하고 있는 이중첩자였다. 좌평 충상忠常과 상충도 별반 다르지 않았다.

어느 날 은고가 공주를 불렀다. "우리 공주님께서는 신통력을 발휘해 까치도 되고, 또 천하무적의 병기도 만드셨다니, 이제 우리 백제를 위해 능력을 발휘하셔야 할 때가 되지 않았나요? 당장 전선으로 달려가 신라 군대를 깡그리 소탕하고, 또 신라 왕을 사로 잡아오세요!"

피를 부르는 전쟁에 나서고 싶지 않았지만, 공주로서는 달리 대꾸할 명분도 없었다. 갑옷을 입고 투구를 쓴 미녀 공주는 신라군과 대치했다. 교전하기 직전이었다. 공주는 까치로 변신하여 신라군 진영을 휘둘러 보고 돌아왔다. 허실을 탐지한 것이다. 그런 후 공주는 허공을 우러러 보며 울부짖는 것 같기도 하고 노래 같기도 한 기괴한 소리를 쏟아냈다. 그러자 얼마 후 하늘을 새까맣게 메우고 까마귀처럼 병사들이 나타났다. 이 장면을 지켜 본 백제 병사들마저 낯이 허옇게 질려 있었다. 이어 자용병기의 신장들이 들썩이더니 물대포를 쏜 것처럼 허연 빛이 신라 군영으로 쏟아졌다. 앗! 따거워 소리를 연신 지르며 신라 병사들이 고꾸라졌다.

신라군들 얼어붙다

신라군들은 알았다. 기묘한 주술과 신군神軍을 부리는 주인공이 공주라는 사실이었다. 신라군이 갈팡질팡할 때 쯤이었다. 공주는 슬며시 투구를 들어올리고는 했다. 허둥대던 신라군도 그 찰나의 모습을 잊을 수가 없었다. 수려한 용모의 공주가 입가에 흘린 야릇한 미소는 가히 고혹적이었다. 저승으로 보내는 마녀의 작별 인사처럼 느껴졌다.

신라인들에게 공주는 전설이요, 신화가 되었다. 공주가 나타났다고 하면 모두 얼어 붙었다. 숱한 신라 군인들의 주검, 정확히 말해 남정네들의 시체 더미를 볼 때마다 공주의 마음은 편치 못했다. 내가 무술을 배운 동기가 이런 것은 아니지 않은가!

공주의 증조부인 법왕法王은 상기할 만한 국왕이었다. 법왕은 태자 시절에 고구려와의 전쟁을 주도해 승리하였다. 그러나 효순孝順 태자는 적군이라도 전몰한 영혼을 가엽게 여겼다. 이들도 하늘에 오를 수 있도록 원顯을 세워 절을 지었으니 보령의 오합사烏合寺였다.

법왕은 즉위와 동시에 살생을 금하고, 민가에서 기르는 매와 새매를 놓아 주고, 고기 잡고 사냥하는 도구들을 태워버리게 하였다. 신라와의 전쟁도 중단했다. 화해의 표지로 신라 진평왕의 셋째 딸을 며느리로 맞아들였다. 이러한 법왕의 평화와 화해 무드로 인해 불편한 이들이 나왔다. 전쟁을 출세의 사닥다리로 이용하는 자들이었다. 게다가 살생 금지로 인해 육식을 포기해야 하는 귀족들의 불만이 상당했다. 법왕 자신은 화식火食 자체를 금지하였다. 법왕을 따라 하는 이들도 있었지만 대다수가 괴로워했다.

부처와 같은 삶과 극락 세계를 구현하려고 한 이가 부타를 가리키는 시호를 부여받은 법왕이었다. 그의 통치는 1년 남짓의 짧은 기간이었다. 법왕이 구현하고자 했던 세상에 동참하는 일은 버거웠던 것 같다. 법왕의 증손녀인 공주는 그 깊은 뜻을 헤아릴 수 있었다.

평화를 위한 길

공주는 깊이 고심했다. 자신이 살육한 무수한 신라 병사들을 생각하면 괴로웠다. 그들도 가족과 처자식이 있었을 터인데, 내가 무슨 자격으로 이들을 무더기로 살육할 수 있는 권한을 지녔는지? 성왕의 전사에 대한 원한을 갚는다고 신라를 끊임없이 침공했지만, 원한은 원한을 계속 낳는 법이었다. 이 질곡의 악순환의 고리를 끊어야겠다고 생각했다.

공주는 은고를 만나 신라와의 화해를 청했다. 그렇지 않으면 더 큰 화를 불러들일 수 있다는 경고도 하였다. 은고는 거드름을 피우면서 여유 있는 목소리로 호언했다.

"좌평 흥수와 성충이 머지 않아 신라와 당이 연합하여 우리 백제를 침공할 터이니 탄현과 기벌포를 막으라고 당부한 바 있었소. 그러나 모두 겁쟁이들의 합창에 불과하오. 왜냐? 신라의 요청에 당이 맞장구치며 우리 백제를 쳐들어올 리도 없지만, 설령 온다고 해도 걱정할 필요가 없어요. 자! 보세요. 당 이전에 수가 300만 대병을 동원해서 고구려를 침공했지만 산산조각 났고 급기야 그길로 망하지 않았소. 이어 당의 태종이 역시 고구려를 침공했다가 참담하게 패해 쫓겨가지 않았소. 우리 백제와 당 사이에는 고구려와 달리 무엇이 있소? 서해라는 큰 바다가 가로놓여 있지 않소. 큰 바다를 건너오는 일이 옆집 안방 구경하는 일이랍디까? 보급과 병참이 보통 일이 아니잖아요. 그래, 육속되어 있는 고구려도 꺾지 못한 것들이 감히 우리 백제를? 크크크~~ 지나가는 낙양성의 강아지도 웃을 일이어요! 공주님! 우리 백제는 고구려보다 인구도 훨씬 많아요! 어디 감히, 호호호~~ 우리 공주님, 걱정도 팔자세요! 용맹무쌍한 공주님이 이렇게 소심할 줄은 누가 알겠어요?"

공주는 크게 낙망하고 말았다. 짐작은 했지만 이렇게까지 막무가내일 줄은 몰랐던 것이다. 그러한 공주를 즐기듯이 바라본 은고는 덧붙였다. "당의 지금 황제는 아버지와는 달리 나약해서 치마 폭에 싸여 있어요. 물론 측천이 여걸이기는 하지만 공연히 우리 백제를 건드리겠어요? 신라의 첫 여왕은 통치력이 달려 위기를 맞았고, 뒤를 이었다가 몇 년 전에 죽은 여왕은 허수아비 아니었던가요? 지금은 남자가 왕이지만 얼굴만 잘 생겼지 뭘 하겠어요? 왜에서도 여왕이 있지 않은가요? 우리 백제에서는 나와 공주님이 여걸이 아닐까요? 세상을 우리 같은 아녀자들이 주무르다니. 걱정하지 마세요, 공주님! 나와 공주님이 있으면 우리 백제는 끄떡 없습니다!"

부왕 의자왕에게 진언하다

공주는 최후의 카드로 부왕을 만났다. 공주는 곡진하

게 부왕에게 진언했다. 신라와 화해하지 않고 밀어붙였다가는 역공으로 나라가 망할 수 있다는 말을 하였다. 술 기운이 감도는 의자왕은 총기가 사라졌다. 듣기에 거슬리는 소리는 감히 꺼내지도 못하게 했다. 그래도 공주이기에 접근은 가능하였다. 의자왕은 되레 큰 소리 쳤다. 자신이 신라와의 전쟁을 벌여 지금까지 빼앗은 성의 숫자가 100개가 넘어 신라는 재기불능 상태이니, 조금만 더 공격하면 항복을 받아낼 수 있다는 것이다.

궁전을 나오는 공주의 어깨는 천근만근 짓누르는 것처럼 무거웠다. "아무도 내 편이 아니구나! 아니 내 말을 듣지 않는구나!"

활시위를 떠난 화살

전쟁은 치밀하게 준비되었다. 당은 개전 1년 전부터 나라를 전면 봉쇄했다. 유학 왔던 왜인들도 귀국 못하게 하였다. 당에서 전쟁 준비하는 정보가 일절 새지 않도록 만전을 기한 것이다.

660년 여름 대선단이 서해를 새까맣게 덮었다. 동쪽으로는 신라의 대군이 북상하고 있었다. 그러더니 갑자기 방향을 바꿔 남진하다가 느닷없이 서진을 했다. 결국 흥수와 성충이 당부했던 일이 도둑처럼 눈 앞에 펼쳐졌다.

공주는 까치가 되어 정찰했기에 이러한 전운을 모두 감지하고 있었다. "아아! 이걸 어쩌나" 공주는 다급했다.

백제 조정에서는 긴급 비상 어전회의가 소집되었다. 중신들의 발걸음이 빨라졌지만 회의장 분위기는 푹 가라앉아 있었다. 침묵을 깨고 의자왕이 입을 떼었다. "경들도 보고 받았듯이 지금 신라와 당의 대군이 동서로 우리 백제를 협공하는 긴박한 사태가 발생했소. 나라의 존망이 걸린 화급한 일인데, 대처 방안에 대해 경들의 의견을 묻고자 하네. 어떡하면 좋겠소?" 의자왕은 왕도와 그 부근에 주둔한 병력만으로는 양 방향으로 쳐들어오는 적을 막을 수가 없었다. 선택과 집중을 해야 할 상황이었다.

좌평 의직義直은 항해로 지친 당군이 육지에 올라왔을 때를 기다려 당군부터 치자고 했다. 반면 달솔 상영常永은 잦은 패전으로 백제군을 두려워하는 신라군을 먼저 공격하자고 하였다. 과단성 있기로 정평이 난 의자왕이었지만 머뭇거리기만 했다. 좌평 충상의 중재로 바다가 보이는 남쪽 끝 고마미지현古馬彌知縣에 귀양간 흥수에게 계책을 묻기로 했다. 하루에 천리를 걷는 준족駿足 천리인을 급히 보냈다. 지형을 이용한 흥수의 방어 대책이 올라왔다. 그러자 이제는 은고가 나섰다. "귀양살이하고 있는 흥수는 우리 조정에 앙심을 품고 있는데, 그가 내민 계책은 나라를 망하게 하는 방법이어요!" 의자왕의 동생 의직이 말을 받았다. "그 말씀은 지나치시오!"

초유의 국가 비상사태였지만 백제 조정은 갈팡질팡 혼란 자체였다. 시간은 쏜살처럼 지나가고 있었다.

전쟁만은 안 돼요, 김유신과의 담판

공주는 신라군과 당군이 합류한 사비벌로 날아갔다. 당군의 진격을 멈추기위해 대장군 깃대 위에 앉아 시끄럽게 지져댔다. 대장군 깃대 위에 까치가 앉아 있다. 진중에서는 "원수元帥가 다친다는 속설이 있는데"라는 소리가 들렸다. 순간 소정방의 낯빛이 확 변했다. 소정방은 덜덜 떨고 있었다. 앞장 서지를 않았다. 당군과 합류했던 김유신이 이 광경을 보고는 소정방을 달래서 앞으로 나갔다.

까치가 계속 지저귀고 있었다. 김유신은 의아하게 여기면서, "저 미물이 뭔가 말하고자 하는 게 있는거로구나"라고 싶었다. 김유신은 칼집의 신검을 쑥 뽑았다. 신검이 휘황한 광채를 발하며 튀어 나왔다. 조금 전에 약속 기일을 어긴 것을 죄 삼아, 소정방은 신라의 독군督軍 김문영金文穎을 베려고 했다. 그러자 김유신은 거세게 항의하면서 황산 전투가 치열해서 늦은 것일 뿐 고의로 늦은 게 아님을 설명하였다. 만약 김문영을 베려고 한다면 먼저 백제군과 싸우기 전에 당군부터 몰아내겠고 소리 질렀다. 얼마나 노했던지 김유신의 머리카락은 송곳처럼 빳빳하게 섰고, 신검이 칼집에서 튀어나오려고 덜그덕 거렸다. 위험을 눈치 챈 동보량董寶亮이 소정방의 발을 밟고 "신라 군대가 변란을 일으키려 하오니 없던 일로 하십시요!"라고 하여 진정시켰다.

김유신은 소정방을 치려했던 신검을 뽑아 대장군 깃

대 위의 까치를 겨누었다. 순간 불빛이 번쩍하더니 까치가 땅 위로 굴러 떨어졌다. 그 즉시 까치는 수려한 용모의 여성으로 변모했다. 신라 대장군 김유신은 백제 계산 공주와 대면한 것이다. 공주는 황급히 말했다. "우리 백제를 치러 왔던 군대를 돌리세요! 어떤 일이 있더라도 전쟁만은 막아야 합니다. 신라군과 당군 모두 고향으로 돌아가 주세요!" 김유신이 말했다. "너의 부왕인 의자왕이 내 외손녀 부부를 무참히 살육했고, 끊임없이 우리 신라를 노략하여 우리 땅의 많은 부분을 베어 갔고, 그것도 성에 차지 않아 우리를 아예 멸망시키려고 몰아 붙이지 않았던가? 나로서는 막아내려고 했지만 역부족이었고, 가만히 앉아서 백제의 노예가 될 수는 없어서 대국에 요청하여 화의 근원인 백제를 아예 멸망시켜 이 고통에서 영원히 벗어나고자 했다!" 공주가 이어서 말했다. "신라의 처지를 이해 못하는 바는 아니지만, 그렇다고 꼭 이 방법을 써야만 했는가요?" 김유신은 나지막하지만 무거운 어조로 "나도 전쟁을 하고 싶었던 것은 아니었다. 오늘의 이 모든 일은 너의 아버지로 인한 것이지 않겠는가? 때가 늦었으니 군사를 돌릴 수도 없다!" 그러자 공주가 다급하게 말했다. "나에게 시간을

주세요. 아바마마를 설득해 보겠어요! 전쟁만은 막아야
해요!"

모든 것을 버리고 산으로 들어가다

다시 까치로 변신한 공주는 날라서 궁중으로 들어갔
다. 공주는 의자왕을 만나 다급하게 말했다. "다시는 신
라를 치지 않겠다고 약속하세요. 그렇지 않으면 우리나
라는 망합니다. 빨리 약속하세요! 급해요!!" 딸과는 달
리 아버지는 의외로 침착했다. "나는 태자와 함께 병력
이 잘 보전되어 있고, 험절한 웅진성에서 버티면 고구
려와 왜가 구원군을 보낼 것이다. 시간은 우리 백제 편
이다!"

그 말을 듣는 순간 공주는 혼절하고 말았다. "모든 게
끝났구나!" 궁중을 나온 공주는 자신이 만든 천하무적
병기인 자용병기를 부숴버렸다. 그리고는 남쪽의 영산
靈山 무오산霧五山으로 들어갔다. 사비도성에는 신라와
당의 대군이 홍수처럼 밀려들어 왔다.

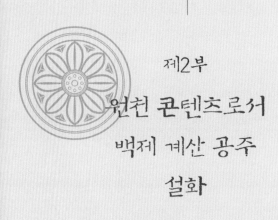

제2부

원천 콘텐츠로서
백제 계산 공주
설화

1. 머리말

전설에 따르면 백제 의자왕에게는 계산桂山이라는 공
주가 있었다고 한다. 무용이 출중했던 그녀는 신라 장
군 김유신의 침공에 대응했지만 패하였고, 결국 백제
는 멸망했다는 요지이다. 여성, 그것도 공주가 등장하
여 신술神術을 배웠고, 신기한 병기兵器를 개발하여 천
하무적을 자랑하였을 뿐 아니라 주술呪術까지 구사하는
능력을 갖추었다고 한다. 이러한 설화가 지닌 사실성은
찾기 힘들다. 이 설화를 일찍이 주목한 미시나 아키히
데三品彰英(1902~1971)는 다음과 같은 해석을 내렸다.

백제 전설에, 의자왕(641년 즉위)의 왕녀에 계산이라
고 하는 미인이 있어, 검법劍法을 닦아 선술仙術에 통하
고, 신병神兵으로써 신라군을 괴롭혔지만, 끝내는 김유

신의 신검神劍의 힘에 의해 마침내 그 선술이 부서졌다고 하는 이야기가 전해지고 있다. 물론 사실을 논할 사료로서는 전혀 쓸모 없는 속전이기는 해도, 전쟁에 대한 고대적 관념을 말하고 있다고 하는 점에서 문화자료적 가치를 지닌 것이며, 또 화랑의 그것에 통하는 것이라 할 수 있겠다.[1]

미시나 아키히데가 말하는 '전쟁에 대한 고대적 관념을 말하고 있다'는 것은, 여성 그것도 존귀한 왕녀가 전쟁을 주도하는 위치에 있었음을 알리는 것이다. 이러한 지적은 삼국시대 여성의 사회적 지위 뿐 아니라 역할까지 암시한다는 점에서 주목을 요한다. 물론 삼국시대 여성의 역할과 지위에 대해서는 연구가 완료되었다고 할 정도로 진척되었다.[2] 그러나 전쟁과 여성의 역할에 대해서는 사료가 전무한 실정이었다. 이로 인해 삼국시

1 三品彰英, 『新羅花郎の研究』(東京, 平凡社, 1974), 167~168쪽.

2 대표적인 선구적 연구 성과로는 姜英卿, 「韓國 古代社會의 女性; 三國時代 女性의 社會活動과 그 地位를 中心으로」『淑大史論』 11 · 12합집(서울, 1982), 153~201쪽을 꼽을 수 있다.

무령왕릉 부장
용봉문환두대도

대 그 숱한 전쟁에서 여성의 역할과 지위에 대한 접근 자체가 없었다.

미시나 아키히데가 운위한대로 계산 공주 설화는 "사실을 논할 사료로서는 전혀 쓸모 없는 속전"인 것은 분명하다. 그렇지만 미시나 아키히데는 "전쟁에 대한 고대적 관념을 말하고 있다고 하는 점에서 문화자료적 가치를 지닌 것"이라며 의미를 부여했다. 본고에서는 이에 힘입어 본 설화의 생성 배경을 분석한 원 자료를 통해 당시의 관념을 엿보고자 하였다. 아울러 동아시아뿐 아니라 세계사에서 전쟁과 여성의 역할을 살핌으로써 한국 고대 전쟁사에서 여성의 역할을 적극적으로 구명하고자 했다.

본고에서는 이러한 논의를 기반으로 원천 콘텐츠로서 계산 공주 설화의 활용 방안을 모색하기로 했다. 백제 관련 사료에서 유일하게 확인된 공주 이름이요, 또 공주가 주도하는 이야기이기 때문이다.[3] 즉 계산 공주는 남자도 힘겨워하는 무술을 연마했고, 천하무적의 병

---

3   물론 「창왕명사리감」에서 '兄公主'가 보인다. 그러나 '兄'은 고유명사이기 보다는 호칭으로 보아야 마땅하다.

승리의 여신 니케상

기兵器를 개발하여 나라를 지키는데 한몫했다. 그러나 공주는 무력보다는 신라와의 화친을 통해 파국을 막고자 하였다. 그럼에도 노력이 허사로 돌아가자 속세를 등진 비운의 공주상公主像이었다.

가뜩이나 자료가 적은 고대사, 그것도 여성이 주도하는 극적인 스토리는, 그간 왜곡된 백제사는 물론이고, 한국 고대사상을 재구再構하는데 기여할 것으로 보인다.

원천 콘텐츠로서 계산 공주 설화를 '이야기 확장하기'로써 2차 콘텐츠인 영화·게임·애니메이션 등 영상물로 기획하고, 3차 콘텐츠로 각종 캐릭터 상품과 OST·DVD·여행상품으로 활용한다.[4] 그럼으로써 소년들에게는 꿈과 재미를, 어른들에게는 동심童心을 자극하여 도전 정신을 촉발하는 촉매제가 되고, 관광상품 개발에도 기여할 것으로 기대된다.

본고는 2차 3차 콘텐츠 개발을 위한 선행 연구 차원에서 작성했다. 아울러 활용 방안과 관련해 구체적인 대본을 마련해 보았다.

---

4   유동호, 『히스텔링-역사, 문화콘텐츠를 입다』(서울, 서경문화사, 2017), 81쪽.

2. 계산 공주 설화의 분석

1) 설화의 원형 확인

백제 의자왕의 딸, 계산 공주 설화는 다음의 3종류 설화를 통해 교차 확인할 수 있다. 또 그럼으로써 설화의 생성 과정과 분류가 가능해진다.

a. 신라군이 진군하여 (당군과) 합세해 진구津口에 이르러 강가에 군대를 주둔시켰다. 홀연히 새 한 마리가 소정방의 진영 위를 빙빙 날아다녔다. 사람을 시켜 그것을 점치게 하니 "반드시 원수元帥가 상할 것입니다"고 하였다. 그래서 정방은 두려워 군대를 이끌고 (싸움을) 그만두려고 했다. 유신이 정방에게 일러 말하기를 "어찌 날아다니는 새의 괴이함으로 인해 천시天時를 어길 수 있으리오. 하늘에 응하고 민심에 순응하여 지극히 어질지 못한 자를 정벌하는데 어떻게 상서롭지 못한 일이 있겠소"라고 말하고는 이내 신검神劍을 뽑아 그 새를 겨누자, 새는 몸이 갈기갈기 찢긴 채 좌중 앞으로 떨어졌다.[5]

---

5 『三國遺事』 권1, 紀異, 太宗春秋公 條. "進軍合兵薄津口瀕江

b. 작원鵲院: 부府 서쪽 30리에 있다. 세상에 전하기를,
김유신이 크게 군사를 일으켜 백제를 치러 가면서 이
곳에 진을 치고 머물렀다. 백제 왕은 장군이 신산神算하
다는 말을 듣고는 이를 걱정하자, 백제 왕의 딸이 나아
가 말하기를 "그가 비록 신장神將이지만 우리나라에는
자용병기自勇兵器가 있으니 족히 근심하지 않아도 됩니
다. 그러나 청하여 그곳에 가서 살펴 보겠습니다"고 하
고는 몸을 변하여 까치가 되어, 날아서 신라군 진중에
들어가 깃발 위에 앉아 시끄럽게 지저귀었다. 여러 장
수들이 상서롭지 않다고 하자, 장군이 칼로써 그곳을
가리키자, 까치가 땅에 떨어져 변하여 사람이 되었다.
뜻밖에 백제 왕의 딸이었다. 이로 인하여 원院을 세우고
그렇게 이름했다.[6]

屯兵 忽有鳥迴翔於定方營上 使人卜之曰 必傷元帥 定方懼欲
引兵而止 庾信謂定方曰 豈可以飛鳥之怪違天時也 應天順人伐
至不仁 何不祥之有 乃拔神釖擬其鳥割裂而墜於座前"

6 『東京雜記』권3, 異聞. "鵲院 在府西三十里 俗傳 金庾信大擧
   兵 伐百濟 留陣于此 濟王聞將軍神算 患之 濟王女進曰 彼雖
   神將 我國有自勇兵器 不足憂 然請往覘之 幻身爲鵲 飛入羅軍
   陣中 噪于旗上 諸將以爲不祥 將軍以劒指之 鵲墜地 化爲人
   乃濟王女也 因立院以名之"

단원 김홍도가 그린 까치

c. 백제의 말기, 의자왕의 왕녀로 계산桂山이라는 미인이 있었는데, 이 왕녀는 어렸을 때부터 검법劍法을 좋아하여 그 매우 심오한 뜻을 통달했고, 특히 남해南海의 여 도사女道士로부터 신술神術을 습득하여 선술仙術에도 능통하였고, 더군다나 자용병기自勇兵器라는 무기를 발명하여, 스스로 천하무적이라 일컬었다. 이 무기는 철로 만든 활과 칼[刀]인데, 그것에는 신장神將의 이름이 새겨져 있었고, 이것을 사용할 때에는 공중을 향해 주문呪文을 노래하면, 홀연히 많은 군대가 나타나는 신비로운 것이 있었다. 신라가 당의 소정방과 군대를 합쳐서 백제를 공격하러 왔을 때 그녀는 한 마리의 까치[鵲]가 되어 신라의 진중陣中을 정찰하러 나왔다. 그런데 이것도 신술에 능통한 신라의 명장 김유신에 발견되어, 그가 신검神劍을 겨누었기 때문에, 그녀의 신술이 깨져서 땅에 떨어지고 말았다. 그녀는 유신이 풀어주자 귀국하여, 부왕에게 신라와 화목하라고 권했지만 받아들여지지 않자 자신이 만든 자용병기를 부수고 부소산에 숨어 버렸다.[7]

---

7   村山智順, 『民間信仰第三部 朝鮮の巫覡』, 朝鮮總督府調査資料 第三十六輯(京城, 1932), 155~156쪽.
    "百濟の末期, 義慈王の王女に桂山と云美人があつた, この王女は幼少時から劍法を好んでその奧義に通じ, 殊に南

공산성에서 발견한 까지 한 쌍

나르는 까치

위의 3종류 설화에서 a는 사서인 『삼국유사』에 적힌 내용이다. b는 민주면閔周冕이 1670년에 간행한 『동경 잡기東京雜記』에[8] 적혀 있다. c는 일제 때 채록한 전설이다. 여기서 b와 c는 가감加減과 이동異同이 있지만 본질적으로 동일한 내용이다. 그런데 b와 c는 a와 닿는 부분이 보인다.

그리고 a에서 "신라군이 진군하여 (당군과) 합세해"는 "신라가 당의 소정방과 군대를 합쳐서 백제를 공격하러 왔을 때(c)"와 부합한다. b의 경우도 신라 김유신이 백

海の女道士から神術を習得して仙術にも通じ, その上に自勇兵器と云ふ武器を發明し, 自ら天下無敵と稱して居た. その武器は鐵で造つた弓と刀で, それには神將の名號が刻してあり, 之を使ふには空に向つて呪文を唱へると, 忽ち多くの兵隊があらはれて來ると云ふ神祕的なものであつた. 新羅が唐の蘇定方と軍を合して百濟に攻めて來た, 時彼女は一羽の鵲となつて新羅の陣中に偵察に出かけた. ところがこれも神術に通じた新羅の名將金庾信に見あらされ, 彼の神劍を擬せられたので, その術が破れて地に墮ちた. 彼女は庾信に放たけれて歸國するや, 父王に新羅と和睦するやうすゝめたが容れられない爲め自作の自勇兵器を毀り扶蘇山に隱れてしまつた."

8 柳富鉉, 「『東京雜記』의 書誌學的 研究」 『書誌學研究』 7(서울, 1991), 80쪽.

기간지주旗竿支柱(경주시 건천읍 건천2리 소재)

깃대를 고정시키기 위해 만든 2개의 기둥 가운데 한개만 남아 있다. 이 기간지주는 김유신 장군이 이곳에서 북동쪽 500m 지점에 소재한 작성에서 백제군과 싸우기 위해 군대를 주둔하고 있을 때 군기를 게양하기 위해 만들었다는 전설이 남아 있다.

제를 치러 갈 때로 적혀 있다. 신라와 당 연합군, 그리고 공격 대상인 백제가 일치한다. 전쟁의 주체는 신라 김유신으로 모두 나타난다. 이 상황에서 설화의 변이소인 '새'가 불쑥 등장한다(a). '새'는 구체적으로 까치[鵲]로 나타난다(b·c). 까치의 존재는 "반드시 원수가 상할 것입니다(a)"라고 하여 불길한 조짐으로 부각된다. 이 구절은 "몸을 변하여 까치가 되어, 날아서 신라군 진중에 들어가 깃발 위에 앉아 시끄럽게 지저귀었다. 여러 장수들이 상서롭지 않다고 하자(b)"에 대응하고 있다. 이 상황에서 "이내 신검을 뽑아 그 새를 겨누자, 새는 몸이 갈기갈기 찢긴 채 좌중 앞으로 떨어졌다(a)"라고 한 김유신의 역할이 돋보인다. 그리고 이 구절은 "장군이 칼로써 그곳을 가리키자, 까치가 땅에 떨어져 변하여 사람이 되었다(b)"·"신술에 능통한 신라의 명장 김유신에 발견되어, 그가 신검을 겨누었기 때문에, 그녀의 신술이 깨져서 땅에 떨어지고 말았다(c)"와 연결된다.

위에서 인용한 3종류 설화를 놓고 볼 때 a를 모태로 하여 b와 c가 생겨난 것으로 지목할 수 있다. 그랬기에 『동경잡기』 권수卷首 간오刊誤에서는 a의 기록이 맞고 c는 민간에서 작원鵲院 이름을 부회한 것에 불과하다고

작성鵲城 원경

단정했다. 그러나 a가 몸체라고 볼 수 없는 요소도 드러난다. b와 c에 따르면 의자왕의 딸 계산 공주의 존재가 그것이다. b와 c의 설화는 신라 최고의 명장 김유신과 "스스로 천하무적이라 일컬었던" 백제 계산 공주의 대결로 짜여졌다. 이 대결에서 계산 공주가 패함으로써 백제가 멸망했다는 줄거리이다.

a에는 계산 공주 이야기가 일체 비치지 않는다. 그 이유는 신라와 당이 연합하여 백제를 멸망시키는 기사요, 소제목이 '태종춘추공'인 데서 알 수 있듯이 주체는 어디까지나 신라였다. 그런 관계로 주제가 산만해지는 계산 공주 이야기를 굳이 살릴 이유가 없었다. 결국 b와 c가 몸체였는데, a는 그 가운데 김유신의 신무神武를 드러낼 수 있는 부분만 발췌한 것으로 보인다. 비록 b와 c는 a보다 후대에 채록되었지만 원형에 가까울 수 있다는 것이다. b의 경우도 김유신 중심으로 줄거리가 짜여졌다. 그렇기에 김유신에게 생포된 계산 공주의 뒷 이야기는 생략되었을 것이다. 결국 가장 후대에 채록된 c가 원형을 가장 잘 보전하고 있음을 알려준다. c는 계산 공주를 주인공으로 설정된 줄거리였다.

위의 3종류 설화 가운데 c가 원형에 근사하다는 사

켈트족 여왕 부디카 동상

실이다. 그리고 이 내용을 김유신의 출중함(a)과 역원驛院의 내력(b)을 설명하는 설화로 양분하여 나뉘어졌다. 그런 관계로 c 설화와 동일한 일제 때인 1936년에 간행한 『금오승람金鰲勝覽』에도 이문편異聞篇에 넣어 b의 내용을 전사全寫하고 말았다. 그런데 c 설화는 주인공이 계산 공주였다. 왕녀였던 공주는 미인이었다고 한다. 권력과 미모를 겸비한 우상으로 그려졌다. 온실 속의 화초 같은 이미지가 공주였다. 그런데 이미지에 대한 반전이 일어났다. 그녀는 어렸을 때부터 검술을 배웠다는 것이다. 공주는 일정한 경지에 이르자 여 도사에게 신술神術을 배웠고, 선술仙術에도 능했다고 한다. 여기서 그치지 않고 그녀는 활과 칼로 된 자용병기自勇兵器라는 무기까지 발명하여 천하무적을 자랑했다는 것이다. 그러한 공주는 까치로 변하여 신라군을 정탐하러 갔다가 김유신과의 신술神術 대결에서 패하여 붙잡혔다. 그리고 귀환하여 부왕을 설득하여 신라와 화친하고자 했다. 그렇지만 실패하자 자신이 만든 자용병기를 부수고 산속으로 들어갔다고 한다. 공주가 만든 자용병기는 최리의 낙랑에 소재했던 자명고自鳴鼓를 연상시킨다. 공주가 자명고를 찢음으로써 낙랑이 망했다는 것이다. 공주가

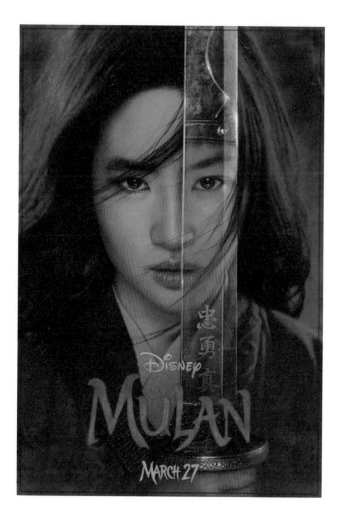

2020년 제작 영화 '뮬란' 포스터

자용병기를 파괴한 사건도 이러한 선상에서 해석이 가능해진다.

그러면 c를 통해 얻을 수 있는 정보는 무엇일까? 여성의 용전勇戰, 더욱이 왕녀가 수범을 보였고, 무술을 배우는 적극적인 면모가 확인된다. 이는 단순한 속전에 국한된다기 보다는 사회적 기풍과 맞물려 있다고 본다. 이는 다음의 기사를 통해서도 읽을 수 있다.

> 병기로는 활과 화살, 칼이 있다. 풍속에는 말타고 활쏘기를 중시한다.[9]

무武를 숭상하는 사회적 기풍은 여성의 역할이 지대했던 고대사회의 모습과 결부지어 볼 때 여성도 일정한 역할을 짊어졌을 가능성을 제기해 준다. 이 사안은 주변국의 상황과 관련해 살피는 게 좋을 것 같다.

2) 여성 전사상戰士像

전진戰陣에서 부녀를 동반하면서 발언까지도 허용하

---

9   『北史』권94, 東夷傳, 百濟 條. "兵有弓箭刀 俗重騎射"

'뮬란' 상영관에서의 광고물

애니메이션 '뮬란' 속의 주인공 모습

는 것이 흉노의 관습이었다. 흉노의 질지郅支 선우와 도뢰성都賴城에서 있었던 후비后妃인 알지閼氏들의 분전奮戰이 유명하였고, 돌궐에서도 "가하돈可賀敦(后妃)은 병마兵馬의 일을 알았다"[10]고 했다. 징기스칸의 법령에는 "종군한 부녀는 남자가 싸우다 물러서는 때에는 대신해서 전쟁을 수행해야 했다"·"종군한 부녀는 남편이 싸우다 몸을 다친 경우 남편의 군무를 대신한다"[11]고 적혀 있다.

1245~1247년에 유럽에서 몽골로 여행을 했던 이탈리아인 플라노 카르비니의 요한John of Plano Carpini (1182~1252)의 견문에 따르면 몽골 여인들은 어린 딸이나 여자도 말을 타고 남자와 똑같이 민첩하게 달려나간다. 여자들은 활과 화살을 휴대하였다. 여자들은 온갖 가죽옷·상의·신발·정강이 보호구 등 가죽 제품은 무엇이나 잘 만들어낸다. 또 마차를 조종해서 그것을 수리도 하고, 낙타에 짐을 싣기도 하는데, 어떤 일을 하더

---

10 江上波夫, 『騎馬民族國家』(東京, 中央公論社, 1979), 252쪽.
11 江上波夫, 위의 책, 47쪽, 252쪽.

부여 부소산성 주변에서 출토된 마름쇠

라도 아주 일을 잘하였고 정력적이었다. 여자는 누구든 바지를 입고 남자와 같이 화살을 쏘는 것도 한다.[12]

고대 오키나와에서는 여군女君이 무장을 하고 수호신의 엄호 하에 무당을 우두머리로 진군하는 모습이 보인다.[13] 여성을 존중한 게르만족들은 전쟁에서 여자로부터 신성함과 예언을 얻고, 중요한 사건에서는 조언을 들었다고 한다.[14] 영국 런던 템즈강변에 동상이 세워져 있는 로마군과 맞서 싸웠던 켈트족 여왕 부디카Boudica도 용맹한 여전사였다.

사우로마타이Sauromatai의 여자는 "말에 올라타고 남자와 함께, 혹은 남자와는 별도로 심심찮게 사냥에도 나오면, 또 남자와 같은 복장을 하고 출진出陣한다"[15]고 전해지고 있다. 실제 사우로마타이의 여자 무덤에는 무기가 부장된 일도 있는 등 그들의 군사활동을 반영하고

---

12 江上波夫, 위의 책, 251~252쪽.

13 三品彰英, 앞의 책, 168~169쪽.

14 三品彰英, 위의 책, 172쪽.

15 헤로도투스 著 · 박광순 譯, 『역사』(서울, 범우사, 1989), 324쪽.

있다.[16] 2천500년 전 유목민족 스키타이(사카) 전사 부부의 유해가 시베리아 남부 카자노브카 지역에서 발굴되었다. 여전사는 남성들이 쓰는 긴 손잡이의 칼과 도끼, 망치 등로 무장돼 있었다. 현재 남아있는 기록과 인근 지역의 다른 고분에서 스키타이 여성 전사는 활과 화살 등 원거리 무기와 함께 묻혔다. 올레그 밋코 노보시비르스크주 대학 고고학 박사는 "여성이 도끼 등 근거리 무기와 함께 묻힌 것은 그가 당시 전사 계층에 속했음을 보여주는 증거"[17]라고 말했다.

스파르타에서는 소녀들도 소년과 마찬 가지로 나체가 되어 각종 경기훈련을 받았다고 한다. 이것은 여자가 남자보다 열등하지 않다는 것을 알게 함으로써 자존심과 명예심을 갖게 하기 위한 조치였다는 것이다.[18] 그리고 고대 일본의 진신壬申의 난亂 때 오오마大海人 황자

---

16 江上波夫, 앞의 책, 252쪽.

17 이승민, 「2천500년 전 스키타이 여전사는 중무장하고 싸웠다」, 『연합뉴스』(서울, 2020.9.23).

18 김진경, 『고대 그리스의 영광과 몰락』(서울, 안티쿠스, 2009), 93쪽.

皇子의 비妃인 우노사라鸕野讚良 황녀皇女가 남편을 따라 종군하는 등 고대 왜倭에서는 상하를 통틀어서 여자가 종군하여 전투에 가담한 것은 결코 진귀한 일이 아니었다.[19]

선비족이 세운 북위의 경우 아들과 남편을 대신하여 친히 군사를 지휘하여 적을 격퇴하고 성을 보전한 두 여인의 활약상이 전한다. 여성이 전투에서 지도자 역할을 수행한 사례로는 군첩軍牒을 받은 아버지를 대신하여 군대에 나간 뮬란木蘭도 있다.[20] 만주족의 경우 "여인도 채찍을 잡고 말을 달리는데, 남자와 다를 게 없다. 10여세 아동도 활과 화살을 차고 (말을) 달려서 쫓는다"[21]고 하였다. 그러니 계산 공주 이야기는 좌현왕과 우현왕을 비롯하여 유목적인 직제가 남아 있던 백제에서도[22] 충분히 생겨날 수 있는 환경이었다.

---

19 江上波夫, 앞의 책, 254쪽.

20 박한제, 『박한제교수의 중국역사기행 3』(서울, 사계절, 2003), 152쪽.

21 『紫巖集』권6, 雜著, 建州聞見錄.

22 『宋書』권97, 夷蠻, 東夷, 百濟國.

3) 계산 공주와 의자왕대

백제 말기 비운의 계산 공주 설화는 기승전결起承轉
結 형식을 갖추고 있다. 기起에는 무대 설정 및 주인공의
욕망 설정·발단, 승承은 욕망을 이루기 위해 행동·전
개, 전轉은 그것이 너무나도 어려움·위기에 봉착한다.
위기는 반드시 주인공이 선택한 행동이 불러오는 핵심
적인 위기여야 하는데, 인과관계에 따른 '위기'가 나타
난다. 결結은 그것을 이루거나, 실패함으로 인해 교훈을
얻음, 결말이다.[23] 이에 따라 계산 공주 설화를 분류하
면 다음처럼 구절이 나누어진다.

(기) 백제의 말기, 의자왕의 왕녀로 계산이라는 미인이
있었다. 이 왕녀는 어렸을 때부터 검법을 좋아하여 그
매우 심오한 뜻을 통달했다.

(승) 특히 남해의 여 도사로부터 신술을 습득하여 선술
에도 능통하였다. 게다가 자용병기라는 무기를 발명하
여, 스스로 천하무적이라 일컬었다. 이 무기는 철로 만

---

23 https://opencg.co.kr/89 [밤이 오기 전에]

든 활과 칼[刀]인데, 그것에는 신장神將의 이름이 새겨져 있었다. 이것을 사용할 때에는 공중을 향해 주문을 노래하면, 홀연히 많은 군대가 나타나는 신비로운 것이 있었다.

(전) 신라가 당의 소정방과 군대를 합쳐서 백제를 공격하러 왔을 때 그녀는 한 마리의 까치[鵲]가 되어 신라의 진중陣中을 정찰하러 나왔다. 그런데 이것도 신술에 능통한 신라의 명장 김유신에 발견되어, 그가 신검을 겨누었기 때문에, 그녀의 신술이 깨져서 땅에 떨어지고 말았다.

(결) 그녀는 유신이 풀어주자 귀국하여, 부왕에게 신라와 화목하라고 권했지만 받아들여지지 않자 자신이 만든 자용병기를 부수고 부소산에 숨어버렸다.

계산 공주 설화 구성 분류에서는 공주가 검법을 배우려고 한 동기, 즉 욕망 설정이 보이지 않는다. 공주가 단순히 검법을 좋아했다는 것은 스토리 진행상 단조롭다. 여자인 공주가 굳이 검법을 배우게 된 계기를 기起에 보충해 주는 일이 필요하다. 신라와의 전쟁이라는 국가적 위기 상황에서 여성이요, 왕녀이지만 국가를 위해 투신

하겠다는 수범적 자세를 설정하면 좋을 듯하다. 이와 관련해 생전에 명성이 자자하였던 백제 성왕聖王이 신라와의 전쟁에서 순국한 사실을 상기하는 게 좋다. 비천한 말먹이는 노비에게 참살당한 성왕의 머리는 신라의 북청 계단 밑에 묻혔다.[24] 신라인들은 성왕의 머리를 밟고 다니면서 약진했던 것이다. 이로 인해 백제와 신라는 구수仇讎 관계로 돌변했다. 성왕을 이은 위덕왕과 무왕 그리고 의자왕대 백제의 숙원은 신라에 대한 복수였다. 이 같은 뼈저린 선왕先王들의 역사를 알게 된 계산 공주는 여자이지만 검법을 배워 신라에 복수하여 선왕들의 원한을 갚겠다고 다짐한다.

승承은 요건에 잘 부합한다. 전轉은 어떻게든 신라와의 전쟁을 막으려고 했던 공주가 사로잡히는 위기에 봉착했다. 천하무적의 자용병기를 소유한 신술과 선술을 구사하는 공주는 김유신에게 패하고 말았다. 백제의 멸망을 암시해주는 대목이라고 하겠다. 결結은 공주의 화평 노력이 실패하였고, 자용병기를 스스로 부수고 잠적함에 따라 백제는 멸망했다는 교훈을 주면서 마무리

---

24 『日本書紀』권19, 欽明 15년 12월 조.

되었다.

위의 설화에 등장하는 '왕녀'는 b에서 '제왕녀濟王女' 즉 '백제 왕의 딸'이라고 했다. 그러므로 의자왕의 딸, 즉 공주가 맞다. 계산 공주의 아버지인 의자왕은 무려 42년이라는 장구한 기간 동안 통치를 한 무왕이 사망한 후 즉위하였다. 해동증자라는 평에 걸맞게끔 의자왕은 유교 정치사상을 강조하여 취약한 왕권을 강화시키고자 했다. 그는 국제관계의 흐름에 대한 예리한 통찰력을 지녔다. 그에 맞추어 전략을 수립하였고 즉각 실행에 옮겼다. 의자왕은 즉위 직후 몸소 군대를 이끌고 신라의 서쪽 변경을 침공하여 일거에 40여 개 성을 점령했다. 여기서 멈추지 않고 그의 군대는 전략적 요충지인 합천의 대야성을 점령하였다. 아울러 신라의 실권자인 김춘추의 사위와 딸을 붙잡아 죽였다. 백제 군대는 동진을 거듭하여 지금의 88고속도로의 동쪽 기점인 화원 인터체인지 구간까지 점령하였다. 백제 군대는 낙동강을 건너 지금의 성주나 구미 방면까지 진출하기도 했다.[25]

---

25 全榮來, 「百濟南方境域의 變遷」 『千寬宇先生還曆紀念 韓國

합천 대야성 원경

가까이서 본 대야성 성벽

의자왕대의 혁혁한 전과는 신라 조야를 사뭇 긴장하게 했다. 위기감 속에서 신라가 택할 수 있는 국난 타개 방안은 당의 손을 빌리는 길밖에 없었다. 이는 651년에 신라 사신 김법민이 당 고종에게 "고구려와 백제는 긴밀히 의지하면서 군사를 일으켜 번갈아 우리를 침략하니, 우리의 큰 성城과 중요한 진鎭은 모두 백제에게 빼앗겨서, 국토는 날로 줄어들고 나라의 위엄조차 사라져갑니다"[26]고 한데서 극명하게 드러난다. 당시 신라인들이 백제를 얼마나 두려워했는지는 김유신이 진덕여왕에게 잃어버린 대량주 즉 대야성 회복을 주청한 데서 엿볼 수 있다. 이때 여왕은 "작은 것이 큰 것을 범하려다가 위태로워지면 장차 어찌하겠는가?"라고 말했다. 여기서 '작은 것'은 신라이고, '큰 것'은 백제를 가리킨다. 이에 김유신은 "군사가 이기고 지는 것은 크고 작은 데 달려있는 것이 아니라, 다만 사람들의 마음이 어떠한가에 달려 있을 따름이옵니다. … 지금 저희들은 뜻이 같아서 더불어 죽고 사는 것을 함께 할 수 있으니, 저 백

史學論叢』(正音文化社, 1985), 155~156쪽.

26 『三國史記』 권28, 의자왕 11년 조.

유채꽃이 만개한 신라 수도 경주의 평화로운 봄날

제라는 것은 족히 두려워할 것이 없나이다"[27]고 했다.
신라 여왕 스스로가 자국을 소국으로 간주하였다. 반면
백제를 대국으로 여겨 잔뜩 겁 먹고 위축되어 있었다.

의자왕은 재위 15년에, 선왕인 무왕의 왕비이자 실
권자였던 계모가 세상을 뜬 것을 계기로 정변을 단행하
여 대대적인 숙청을 전개하였다. 그럼에 따라 의자왕은
귀족세력의 견제에서 벗어나게 되었고 권력 독주가 가
능해졌다. 의자왕의 승리는 정국에 대한 가 없는 낙관
을 가져왔다. 국가 명운의 사활이 걸린 신라로서는 할
수 있는 모든 방안을 강구할 수밖에 없었다. 신라가 극
단적인 선택을 하여 당과 협공할 수 있었다. 그럴 가능
성을 염려한 성충이 탄현과 기벌포 방비를 당부했었다.
그러나 연이은 승리에 도취했을 뿐 아니라 왕후 은고의
간계에 빠져 의자왕은 소통과 담을 쌓고 말았다. 의자
왕은 주연을 통해 자신의 공적을 뽐내면서 자아도취로
흘러가고 있었다. 신라가 택할 수 있는 마지막 카드에
대해 대수롭지 않게 여겼던 것이다. 설령 신라와 당이
손을 잡고 쳐들어온다고 해도 쉽게 제압할 것으로 판단

27 『三國史記』 권41, 金庾信傳(上).

베트남 하노이에 소재한 문묘 대성전에서 맹자와 나란히 한 증자상
의자왕은 이러한 증자에 견주어졌다

했다. 의자왕이 보건대 자국은 고구려보다 인구도 많았고, 물산도 풍부하였다. 고구려도 꺾지 못한 당이 감히 우리 백제를 쳐들어 온다고 하자. 그렇더라도 육속陸續된 고구려와는 달리 서해가 가로놓인 백제 공략은 호락호락하지 않을거라고 자만했다.

승전에 도취한 의자왕 조정에는 좌평 임자와 같은 이 중간첩들의 암약과, 은고를 축으로 하는 궁중부패가 만연했다. 계백과 함께 황산 전투에 참전했다가 신라군에게 항복한 좌평 충상과 달솔 상영처럼 수상한 기회주의자들도 박혀 있었다.[28]

3. 원천 콘텐츠로서의 계산 공주 설화

1) 설화 속의 기起

계산 공주는 백제 말기, 그것도 백제 패망의 군주 의자왕의 딸로 설정되었다. 패망의 책임을 떠맡은 의자왕

---

28 이상의 서술은 이도학, 『분석고대한국사』(서울, 학연문화사, 2019), 457~459쪽에 의하였다.

계산 공주가 여 도사에게 비술을 전수받았다는 섬일 수 있는 남해도

발굴한 남해 남치리 백제 고분

에 대한 일반적인 이미지는 주색가무酒色歌舞에 빠진 혼군상昏君像이 강하다. 그러한 의자왕의 딸인 계산 공주는 백제 멸망이라는 어두운 시대 분위기에서 그것을 타개하려는 의지를 표출할 수 있다. 특히 계산 공주는 용모가 아름다웠다. 권력의 핵심인 공주가 미모를 겸비했다는 것은, 선망의 대상이 되기에 족했다. 계산 공주는 권력과 미모를 겸비한 인물이었다. 신라 진평왕의 셋째 딸인 선화 공주는 아름답기가 견줄만한 사람이 없을 정도인 "미염무쌍美艶無雙"이었다. 그러자 즉위 전의 백제 무왕이 소문을 듣고 몰래 접근하여 아내로 쟁취했다는 것이다.[29]

일상적으로는 이러한 유형의 공주는 구중궁궐에 박혀 있게 마련이다. 범인들이 감히 접근하기 힘든 영역의 지배자로 그려질 수밖에 없다. 그런데 "이 왕녀는 어렸을 때부터 검법을 좋아하여 그 매우 심오한 뜻을 통달했고"고 하였다. 여자가, 그것도 공주가 남정네들이나 하는 검법을 좋아했다는 것이다. 스토리에서 변화를 암시하고 있다. 구중九重 속의 얌전한 미녀 공주에 머물

---

29 『三國遺事』 권2, 紀異, 武王 條.

지 않을 것이라는 예측을 가능하게 한다. 궁중에서 틈만 나면 목검을 휘둘렀던 공주였다. 그러던 공주는 부왕인 의자왕에게 검법을 제대로 배우게 해 달라고 간청하는 순서가 따랐다고 본다. 의자왕은 공주가 남자애처럼 목검을 휘두르고 사내애들과 어울려 칼싸움이나 한다는 소문을 듣고 있었다. 그간 공주의 행적을 재미 있게 듣고만 있던 의자왕은 치기稚氣 어린 병정 놀이가 아님을 깨닫게 된다.

16세 된 공주에게 좋은 배필을 준비하고 있던 의자왕이었다. 그러한 의자왕으로서는 당혹스런 요청이었다. 왕은 떼를 쓰는 공주의 요청을 물리치지 못하였다. 결국 국내 제일의 검사劍士를 붙여서 검법을 제대로 전수받게 했다. 공주는 말도 잘 달리고 활도 잘 쏘았다. 공주는 검법에 달통하자 부왕의 만류에도 불구하고 따라나왔다. 공주는 부왕이 몸소 군대를 이끌고 신라를 공격할 때 종군했다. 철 투구와 갑옷으로 깊이 몸을 감싼 공주는 한껏 무용을 과시하였다. 적진을 마구 짓밟고 돌아올 때 공주는 투구를 벗어 옆구리에 끼고는 했다. 승자의 여유 있는 미소와 앳된 얼굴을 본 순간 신라 군들은 자지러지게 놀란다. 자신들을 유린했던 적장이

가냘픈 용모의 여성이라는 사실 때문이었다.

소문은 급속이 번져 나갔다. 미녀 공주가 출전했다면 신라군들은 호기심이 아니었다. 공포감에 휩싸여 전전 긍긍하였다. 백제가 연전연승하는 상황이었다.

의자왕은 미녀 공주를 시집보내려고 하였다. 그러자 공주가 조건을 내 걸었다. 자신과의 무술 대결에서 승리한 자만이 자신을 데리고 갈 수 있다고 선언했다. 숱한 귀족 청년들이 공주와 대련했지만 패하였다. 그런데 어느 날 공주는 험상궂고 못생긴 노비 출신의 청년에게 무릎을 꿇고 말았다. 의자왕의 안색은 사색이 되고 말았다. 지존한 공주가 노비에게 시집 가야 하는 상황이 벌어지게 되었다. 그러자 의자왕은 트집을 잡아 이 대련을 무효로 선언했다. 재대결을 갖기로 한 것이다.

2) 설화 속의 승承

계산 공주는 자신의 무예가 노비 청년보다 한 수 아래라는 것을 절감했다. 당장 재대결해 보았자 패할 것은 명약관화하였다. 재대결 시기를 3년 후로 잡은 공주는 좀더 차원 높은 무술을 배우고 싶어 했다. 듣자하니 남해 도서島嶼의 여 도사女道士가 도법이 높다는 것이다.

공주는 백제의 끝 남해의 섬에 가서 비법을 전수받고 싶어 했다. 딸의 혼기를 놓치고 싶지 않은 의자왕은 완강히 반대했다. 좌평 직에 있는 고관의 아들과 혼사가 오갔기 때문이었다. 재대결이 마음에 걸린 의자왕은 몰래 자객을 보내 노비 청년을 살해하였다.

그러던 어느 날 공주의 행적이 궁중에서 묘연했다. 노비 청년과의 재대결을 염두에 두었던 공주는 궁을 나와 남해의 여 도사를 만나러 갔다. 의자왕은 군사들을 보내 공주를 붙잡아 오게 하였다. 가는 도중에 공주는 갖은 위험에 처하게 된다. 먼저 부왕이 보낸 군사를 피하여 숨는 일을 설정할 수 있다. 민가에서 유숙하거나 야숙할 때 겁탈당할 뻔한 위기에서 벗어나는 일, 맹수의 공격을 막은 일 등을 설정하는 게 가능하다.

남해 바닷가에서 배를 타고 건너려고 했을 때 위험한 지경에 또 빠진다. 냄새를 맡고 집요하게 추격을 해온 위사좌평에게 잡힐 뻔 하였다. 남장에 변복까지 한 공주는 왜국으로 출항하는 선박에 탑승하는 데 성공했다. 선박에 탑승하는 데는 성공했지만, 어떡해야 여 도사가 살고 있는 섬에 들어가나? 공주는 오로지 그 생각으로 꽉 차 있었다. 이와 엮어서 거타지 설화를 원용하는 게 좋았다.

　이 왕의 시대에 아찬 양원良員[良貝라는 설도 있다]은 왕의 막내아들이었다. 그가 당에 사신으로 가는데, 백제의 해적들이 진도津島에서 길을 막고 있다는 소식을 듣고 활 쏘는 군사 50명을 뽑아서 데리고 갔다. 배가 곡도鵠島[우리말로 骨大島라고 한다]에 닿자, 풍랑이 크게 일어나 열흘이 넘도록 묶여 있었다. 공이 이를 걱정하여 점을 치게 하였더니 이렇게 말하였다. "이 섬에 신령스러운 연못이 있는데 제사를 지내는 것이 좋겠습니다." 그래서 제물을 갖추어서 연못가에서 제사를 지냈다. 그러자 연못의 물이 한 길 이상 용솟음쳤다. 그날 밤 꿈에 어떤 노인이 나타나 공에게 말하였다. "활 쏘는 사람 하나를 이 섬에 남겨 놓으면 순풍을 얻을 것이오." 공이 잠에서 깨어나 이 일을 사람들에게 이야기하고 나서 물었다.

　"누구를 남겨 놓는 것이 좋겠는가?" 그러자 사람들이 말하였다. "당연히 나무 조각 50개에 우리들 이름을 써서, 물에 가라앉는 것으로 제비를 뽑는 것이 좋겠습니다." 그래서 공이 이 말에 따라 제비를 뽑았다.

　군사 중에 거타지居陀知라는 자의 이름이 물 속에 가라앉아 그를 남겨두기로 하였다. 그러자 곧 순풍이 일어나서 배가 막힘없이 나아갈 수 있었다. 거타지는 걱정스럽게 섬에 서 있는데, 갑자기 어떤 노인이 연못 속에서 나와 이렇게 말하였다. "나는 바로 서해의 신 약若이라오. 매번 한 사미승이 해가 뜰 때마다 하늘로부터 내려와서는 다라니를 외우면서 이 연못을 세 번 도는데, 그러면 우리 부부와 자손들이 모두 물 위로 떠오른다오. 사미승은 내 자손의 간과 창자를 빼내어 먹어 치우는데, 이제 우리 부부와 딸 하나만 남았소. 내일 아침이면 또 올 것인데, 부탁이니 그대가 활로 쏴주시오." 이 말을 듣고 거타지가 말하였다. "활 쏘는 일은 저의 장기입니다. 명하신 대로 하겠습니다." 노인이 고맙다고 말하고 물 속으로 들어갔다. 거타지는 숨어서 엎드려 기다렸다. 다음 날 동쪽에서 해가 떠오르자 사미승이 과연 내려와서는 예전처럼 주문을 외우고 늙은 용의 간을 빼내려고 하였다. 그때 거타지가 활을 쏘아 사미승을 맞히자 곧 늙은 여우로 변하여서 땅에 떨어져 죽었다. 그러자 노인이 연못에서 나와서 고마워하면서 말하였다. "공의 은혜를 입어서 내 생명을 보전하게 되었소. 바라건대 내 딸을 아내로 삼아주시오." 거타지가 말하였다. "따님을 주시어 저를 버리지 않으신다면, 그것은 진실로 제가 바라던 바입니다." 그래서 노인은 자기 딸을 꽃 한 송이로 변하게 하고 거타지의 품속에 넣어

주었다. 그리고 두 용에게 명하여서 거타지를 받들어 사신의 배를 따라잡도록 하고, 그 배를 호위하여 당唐 국경까지 가도록 하였다.

당인唐人들은 신라의 배가 용 두 마리에게 업혀서 오는 것을 보고, 이 사실을 황제에게 아뢰었다. 황제가 말하였다. "신라의 사신은 반드시 보통 인물이 아닐 것이다." 그리고 연회를 베풀어서 여러 신하들의 윗자리에 앉도록 하고, 금과 비단을 후하게 내려주었다. 신라로 돌아온 거타지는 꽃가지를 꺼내어 여자로 변하게 하고 함께 살았다.[30]

---

30 『三國遺事』 권2, 紀異2, 眞聖女大王 居陀知 條. "此王代 阿湌 良貝 王之季子也 奉使於唐 聞百濟海賊梗於津島 選弓士五十 人隨之 舡次鵠島[鄕云骨大島]風濤大作 信宿浹旬 公患之 使 人卜之 曰 島有神池 祭之可矣 於是具奠於池上 池水湧高丈餘 夜夢有老人 謂公曰 善射一人 留此島中 可得便風 公覺而以事 諮於左右曰 留誰可矣 衆人曰 宜以木簡五十片書我輩名 沈水 而圖之 公從之 軍士有居陀知者 名沈水中 乃留其人 便風忽起 舡進無滯 居陀愁立島嶼 忽有老人 從池而出 謂曰 我是西海若 每一沙彌 日出之時 從天而降 誦陀羅尼 三繞此池 我之夫婦 子孫 皆浮水上 沙彌取吾子孫肝腸 食之盡矣 唯存吾夫婦與一 女爾 來朝又必來 請君射之 居陀曰 弓矢之事 吾所長也 聞命 矣 老人謝之而沒 居陀隱伏而待 明日扶桑旣暾 沙彌果來 誦呪 如前 欲取老龍肝 時居陀射之 中沙彌 卽變老狐 墜地而斃 於 是老人出而謝曰 受公之賜 全我性命 請以女子妻之 居陀曰 見

중악 석굴에서 수련 중인 화랑 김유신이 스승을 만나는 장면

공주는 거타지 설화에서처럼 남해 용왕의 숙원을 해결해 주었다. 그럼에도 공주는 여러 고초를 겪은 후 남해의 섬에 상륙하는데 성공한다. 그런데 이 섬은 맹수와 독충이 우굴거리는 정글이었다. 이 곳에서 공주는 살모사뿐 아니라 들어보지도 못한 기괴한 괴물이나 요물들과 맞닥뜨린다. 공주는 출중한 검법으로 모두 퇴치하였다. 그러나 여 도사의 행적은 여전히 묘연했다. 공주는 섬 안에 있는 동굴에서 여 도사를 만나게 해 달라고 간절히 기도를 하였다. 그러자 며칠 후 여 도사가 모습을 드러냈다. 이러한 상정은 다음과 같이 김유신이 난승이라는 이름의 도인道人을 만난 상황을 연상하면 좋다.

공은 나이 15세에 화랑花郞이 되었는데, 당시 사람들이 기꺼이 따랐으니, 용화향도龍華香徒라고 불렀다. 진평왕 건복 28년 신미에 공은 나이 17세로, 고구려 · 백

賜不遺 固所願也 老人以其女 變作一枝花 納之懷中 仍命二龍
捧居陀趁及使舡 仍護其舡入於唐境 唐人見新羅舡有二龍負之
具事上聞 帝曰 新羅之使 必非常人 賜宴坐於群臣之上 厚以金
帛遺之 旣還國 居陀出花枝 變女同居焉"

〈청구도〉에 보이는 김유신이 기도했던 열박산

제·말갈이 국경을 침범하는 것을 보고 의분에 넘쳐 침략한 적을 평정할 뜻을 품고 홀로 중악中嶽 석굴에 들어가 재계齋戒하고 하늘에 고告하여 맹세하였다. "적국이 무도無道하여 승냥이와 범처럼 우리 강역을 어지럽게 하니 거의 평안한 해가 없습니다. 저는 한낱 미미한 신하로서 재주와 힘은 헤아리지 않고, 화란禍亂을 없애고자 하오니 하늘께서는 굽어 살피시어 저에게 수단을 빌려주십시오!" 머문지 나흘이 되는 날에 문득 거친 털옷을 입은 한 노인이 나타나 말하였다. "이 곳은 독충과 맹수가 많아 무서운 곳인데, 귀하게 생긴 소년이 여기에 와서 혼자 있음은 무엇 때문인가?" 유신이 대답하였다. "어른께서는 어디서 오셨습니까? 존함을 알려 주실 수 있겠습니까?" 노인이 말하기를 "나는 일정하게 머무르는 곳이 없고 인연따라 가고 머물며, 이름은 난승難勝이다"라고 했다. 공이 이 말을 듣고 그가 보통 사람이 아닌 것을 알았다. 두 번 절하고 앞에 나아가 말하였다. "저는 신라 사람입니다. 나라의 원수를 보니, 마음이 아프고 근심이 되어 여기 와서 만나는 바가 있기를 바라고 있었습니다. 엎드려 비오니 어른께서는 저의 정성을 애달피 여기시어 방술方術을 가르쳐 주십시오!" 노인은 묵묵히 말이 없었다. 공이 눈물을 흘리며 간청하기를 그치지 않고 여섯 일곱 번 하니 그제야 노인은 "그대는

화랑들의 수행처였던 제천 점말 동굴

점말동굴에 새겨진 '烏郞徒' 명문
화랑 오랑과 낭도들이
다녀갔음을 알려준다

어린 나이에 삼국을 병합할 마음을 가졌으니 또한 장한 일이 아닌가?" 하고, 이에 비법秘法을 가르쳐 주면서 "삼가 함부로 전하지 말라! 만일 의롭지 못한 일에 쓴다면 도리어 재앙을 받을 것이다"라고 말했다. 말을 마치고 작별을 하였는데 2리쯤 갔을 때 쫓아가 바라보니, 보이지 않고 오직 산 위에 빛이 보일 뿐인데 오색 빛처럼 찬란하였다.[31]

공주는 재계하고 김유신처럼 호국을 위해 간절한 마음으로 기도하였다. 공주의 간절한 기도에 대한 응답으로 여 도사가 나타난 것으로 상정할 수 있다. 여 도사도

---

31 『三國史記』 권41, 金庾信傳(上). "眞平王建福二十八年辛未公年十七歲 見高句麗・百濟・靺鞨侵軼國疆 慷慨有平寇賊之志 獨行入 中嶽石崛 齊戒告天 盟誓曰 敵國無道 爲豺虎 以擾我封場 略無寧歲 僕是一介微臣 不量材力 志淸禍亂 惟天降監 假手於我 居四日 忽有一老人 被褐而來曰 此處 多毒蟲猛獸 可畏之地 貴少年 爰來獨處 何也 答曰 長者從何許來 尊名可得聞乎 老人曰 吾無所住 行止隨緣 名則難勝也 公聞之 知非常人 再拜進曰 僕新羅人也 見國之讐 痛心疾首 故來此 冀有所遇耳 伏乞長者 憫我精誠 授之方術 老人默然無言 公涕淚懇請不倦 至于六七 老人乃言曰 子幼而有幷三國之心 不亦壯乎 乃授以祕法曰 愼勿妄傳 若用之不義 反受其殃 言訖而辭 行二里許 追而望之 不見 唯山上有光 爛然若五色焉"

도쿄국립박물관에 소장된 고구려 방패

난승이 김유신에게 한 것처럼 "이 곳은 독충과 맹수가 많아 무서운 곳인데, 귀하게 생긴 소녀가"라고 말하였을 것이다. 공주는 역시 김유신처럼 "저는 백제 사람입니다. 나라의 원수를 보니, 마음이 아프고 근심이 되어 여기 와서 만나는 바가 있기를 바라고 있었습니다. 엎드려 비오니 어른께서는 저의 정성을 애달피 여기시어 방술을 가르쳐 주십시오!"라고 매달렸을 법하다. 다음의 기사에서 김유신의 경우처럼 공주도 보검에 신령한 힘을 얻었을 것이다.

건복 29년에 이웃 나라 적병이 점점 닥쳐오자, 공은 장한 마음을 더욱 불러일으켜 혼자서 보검寶劍을 가지고 열박산咽薄山 깊은 골짜기 속으로 들어갔다. 향을 피우며 하늘에 고하여 빌기를 중악에서 맹서한 것처럼 하고, 이어서 "천관天官께서는 빛을 드리워 보검에 신령을 내려 주소서!"라고 기도하였다. 3일째 되는 밤에 허성虛星과 각성角星 두 별의 빛 끝이 빛나게 내려오더니 칼이 마치 흔들리는 듯하였다.[32]

---

32 『三國史記』권41, 金庾信傳(上). "建福二十九年 隣賊轉迫 公
愈激壯心 獨携寶劍 入咽薄山深壑之中 燒香告天 祈祝 若在中

아파트 감나무 위에 앉아 있는 까치

까치는 계산 공주의 분신이었다

공주는 이후 고행과 정진을 거듭하여 신술神術을 터득하였다. 그 위에 공주는 여 도사로부터 선술仙術까지 배웠다. 더 이상 공주에게 가르칠 게 없다고 판단한 여 도사는 공주를 섬에서 나가게 한다는 모티브이다.

공주와 김유신은 유사한 면이 많다. 양자는 모두 신술과 선술을 부릴 수 있는 능력을 지녔다. 계산 공주 설화는 김유신을 주인공으로 한 허구소설인 『각간선생실기角干先生實記』와 연결점이 보인다. 그리고 왕실로 복귀한 공주는 천하무적이라는 병기兵器를 개발했다. 즉 "게다가 자용병기自勇兵器라는 무기를 발명하여, 스스로 천하무적이라 일컬었다. 이 무기는 철로 만든 활과 칼[刀]인데, 그것에는 신장神將의 이름이 새겨져 있었고, 이것을 사용할 때에는 공중을 향에 주문을 노래하면, 홀연히 많은 군대가 나타나는 신비로운 것이 있었다"고 했다. 자용병기는 백제를 지켜주는 무적의 병기였다. 문자 그대로 '저절로 날래지는 병기' 즉 알아서 용감하게 싸워주는 병기를 소유한 것이다. 이는 낙랑 경보 체계의

嶽 誓辭仍禱 天官垂光 降靈於寶劍 三日夜 虛·角二星光芒 赫然下垂 劍若動搖然"

2010세계대백제전의 수상 공연 '사비미르' 장면

일종인 자명고를 연상하게 한다. 즉 "이 보다 앞서 낙랑에는 북과 나팔이 있는데, 만약 적병이 있으면 저절로 우는 까닭에 이들을 격파하게 했다"[33]고 했다. 자용병기는 신장神將들이 지켜주고 있고, 김유신에게는 수십명의 신병神兵들이 지켜주었던 것이다. 즉 "여름 6월에 군복을 입고 무기를 가진 수십 명이 유신의 집으로부터 울며 떠나가는 것을 사람들이 보았는데, 조금 있다가 보이지 않았다. 유신은 이것을 듣고 '이들은 반드시 나를 보호하던 신병이었는데 나의 복록이 다한 것을 보았기 때문에 떠나간 것이니, 나는 죽게 될 것이다'고 하였다"[34]는 것이다.

왕도로 귀환한 공주는 노비 청년과의 재대결을 준비했다. 그런데 부왕인 의자왕이 그를 살해했다는 풍문을 듣고 충격에 빠진다. 얼마든지 자력으로 노비 청년을

---

33 『三國史記』권14, 大武神王 15년 조. "先是 樂浪有鼓角 若有敵兵 則自鳴 故令破之"

34 『三國史記』권43, 金庾信傳(下). "夏六月 人或見戎服 持兵器數十人 自庾信宅 泣而去 俄而不見 庾信聞之曰 此必陰兵護我者 見我福盡 是以去 吾其死矣"

황산 전경

제압하여 부왕의 뜻을 관철시킬 수 있었다고 판단했었기 때문이다. 이에 대한 반발로 공주는 일생 결혼하지 않겠다고 선언한다. 대신 자용병기를 개발하는 등 국가를 수호하는데 진력하였다.

전장에 다시금 등장한 공주는 천하무적의 자용병기를 선 보였다. 대치하고 있는 신라군들은 기괴한 형태의 무기를 호기심 어린 눈길로 바라 보았다. 공주가 자용병기를 사용할 때는 공중을 향해 괴상한 소리로 주문을 노래했다. 그러면 많은 군대가 하늘을 가득 덮은 까마귀떼처럼 삽시간에 나타나고는 하였다. 이로 인한 신라군의 트라우마는 상상을 불허할 정도였다. 겁에 질린 신라군은 미녀 공주가 출정한 전장은 피하려고 했다.

신라군은 미녀 공주 트라우마를 극복할 수 있는 방안을 모색한다. 준수한 용모의 화랑을 전장의 선두에 세워 공주를 심리전으로 교란시켰다. 미녀 대 미남의 대결이었다. 군사들이 지켜 보는 가운데 공주와 화랑 간의 일대 일 맞대결이 펼쳐졌다. 몇 합만에 화랑은 말에서 굴러떨어졌다. 공주는 후려치려던 칼을 거두며 잠시 생각에 잠긴다. 꽃미남이라 죽이기에는 아깝다는 생각이 들었다. 그와 결혼함으로써 지긋지긋한 전란에서

부여에 소재한 오천결사대 출정동상

벗어날 수 있지 않을까? 의자왕의 완고한 반대로 신라 왕족인 화랑과의 결혼은 성사되지 못했다. 공주의 상심은 이루 헤아릴 수 없었다.

3) 설화 속의 전轉

계산 공주는 "신라가 당의 소정방과 군대를 합쳐서 백제를 공격하러 왔을 때 그녀는 한 마리의 까치[鵲]가 되어 신라의 진중陣中을 정찰하러 나왔다"는 것이다. 백제가 절체절명의 위기에 놓인 660년 7월의 시점을 가리키고 있다. 그런데 a에서는 "신라군이 진군하여 (당군과) 합세해 진구津口에 이르러 강가에 군대를 주둔시켰다. 홀연히 새 한 마리가 소정방의 진영 위를 빙빙 날아다녔다"고 했다. 시점은 c와 동일하지만 현장이 동일한 것 같지는 않다. 신라군은 당군과 '진구津口'인 기벌포 즉 금강 하구에서 합류하지 않았다. "태자가 장군 소정방을 만나자, 정방이 태자에게 말하기를 "나는 바닷길로 오고, 태자는 육로로 가서 7월 10일에 백제 왕도 사비泗沘의 성城에서 만나자"고 하였다. 태자가 돌아와서 대왕에게 고하였다. 대왕은 장사를 거느리고 행군하

경주 화랑마을에 전시된 김유신의 모습

여 사라지정沙羅之停에 이르렀다."[35] 양군은 당초 만나는 장소가 사비성이었다. 이는 다음의 기사를 통해서도 알 수 있다.

이 날 정방은 부총관 김인문 등과 함께 기벌포에 도착하여 백제 군사를 만나 맞아 싸워 크게 깨뜨렸다. 유신 등이 당군의 진영에 이르자, 정방은 유신 등이 약속 기일보다 늦었다고 하여 신라의 독군督軍 김문영金文穎[또는 永으로도 썼다]을 군문軍門에서 목베려 하였다. 유신이 무리들에게 말하였다. "대장군이 황산에서의 싸움을 보지도 않고 약속 날짜에 늦은 것만을 가지고 죄로 삼으려 하니, 나는 죄없이 모욕을 받을 수 없다. 반드시 먼저 당나라 군사와 결전을 한 후에 백제를 깨뜨리겠다." 이에 큰 도끼를 잡고 군문에 서니, 그의 성난 머리털이 곧추 서고 허리에 찬 보검이 저절로 칼집에서 튀어나왔다. 정방의 우장右將 동보량董寶亮이 그의 발을 밟으며 말하기를 "신라 군사가 장차 변란을 일으킬 듯합니다"

---

35 『三國史記』권42, 金庾信傳(中). "太子見將軍蘇定方 定方謂太子曰 吾由海路 太子登陸行 以七月十日 會于百濟王都 泗沘之城 太子來告 大王率將士 行至沙羅之停"

북한산 비봉 위를 나르는 까마귀
계산 공주가 까치로 변해 정찰하는 장면을 연상해 보았다

하니, 정방이 곧 문영의 죄를 풀어주었다.[36]

　위의 기사를 통해서도 당군은 기벌포, 신라군은 황산을 통과하여 사비성에서 합류했음을 알 수 있다. 따라서 a에 적힌 합류 장소는 맞지 않다. 그리고 b의 작원鵲院 전설 현장은 경주시 건천 일원이므로 a와는 전혀 맞지 않다. 그렇지만 공주가 까치로 변하여 정찰하게 된 배경은 신라군 적정 탐지였다. c에서 "그녀는 유신이 풀어주자 귀국하여, 부왕에게 신라와 화목하라고 권했지만 받아들여지지 않자"고 했다. 김유신이 대병을 거느리고 경주를 출발하는 상황이었다. 그러니 비교적 시간적 여유가 있는 상황이라고 볼 수 있다. 공주가 백제와 신라가 화친하기를 바랐던 것은 시간적으로 어느 정도 가능하다. 그러나 a는 장소도 맞지 않을뿐더러, 더욱이

---

36 『三國史記』 권5, 태종무열왕 7년 조. "是日 定方與副摠管金仁問等到伎伐浦 遇百濟兵 逆擊大敗之 庾信等至唐營 定方以庾信等後期 將斬新羅督軍金文穎[或作永]於軍門 庾信言於衆曰 大將軍不見黃山之役 將以後期爲罪 吾不能無罪而受辱 必先與唐軍決戰 然後破百濟 乃杖鈇軍門 怒髮如植 其腰間寶劒自躍出鞘 定方右將董寶亮躡足曰 新羅兵將有變也 定方乃釋文穎之罪"

2010세계대백제전의 수상 공연 '사비미르'에 보이는 백제의 마지막 순간

김유신과 소정방이 합류한 곳은 사비성 앞이었다. 그러니 이제는 백제와 신라가 화친할 수 없는 상황이었다. 더욱이 a는 백제군과의 전투를 회피하는 비겁한 소정방의 당군을 휘어잡고 김유신이 주도권을 행사했다는 메시지이다. 따라서 까치로 변신한 공주가 날아간 장소는 a보다는 b의 작원 설정이 낫다.

4) 설화 속의 결結

마지막으로 "부왕에게 신라와 화목하라고 권했지만 받아들여지지 않자 자신이 만든 자용병기를 부수고 부소산에 숨어버렸다"는 스토리는 파국을 뜻한다. 백제를 지켜주었던 자용병기를 무력화하고 속세를 등졌다는 것이다. 이 스토리에서 '부소산'은 백제 왕궁의 배후 산인 부소산이라기 보다는 깊은 산중으로 보아야 맥락이 맞다. 공주는 자신의 충정이 먹히지 않자 자포자기하여 사라졌다. 비극적 종말로 마무리되었다.

공주는 김유신과의 신술神術 대결에서 패하였다. 신라를 꺾을 수 없다고 판단한 공주는 신라와의 화평을 통해 백제를 지키려고 하였다. 그러나 의자왕의 완고함으로 인해 실패하고 말았다. 공주는 생포한 신라 왕족

사비나성 성벽 발굴 장면

출신의 화랑과의 결혼을 통해 양국 간의 평화를 얻고자 하였다. 그러나 역시 의자왕의 반대로 뜻을 이루지 못했다. 평화의 중재자로서 공주의 노력이 무산된 순간 백제의 멸망은 문턱을 넘어선 것이다.

4. 맺음말

백제 의자왕의 딸인 계산 공주 설화는 모두 3곳에 채록되어 있다. 이 가운데 가장 후대에 채록한 설화가 원형임을 알 수 있었다. 『삼국유사』는 항목 제목이 '태종춘추공' 조 이듯이 신라와 김유신 중심으로 짜여졌다. 그러다 보니 계산 공주 이야기는 누락된 것이다. 『동경잡기』의 경우도 경주시 건천에 소재했던 작원의 유래를 설명하기 위한 목적이었다. 이 역시 신라 장군 김유신 중심으로 스토리가 짜여질 수밖에 없었다. 반면 일제 때 채록된 설화는 『동경잡기』에서 '제왕녀濟王女'로만 비치던 '백제 왕녀'의 이름 뿐 아니라 활약상까지 상세하게 알려주었다. 본 설화의 주인공이 계산 공주였음을

부여 낙화암 고란사 대웅전 뒷벽에 그려진 삼천궁녀의 자결 장면
백제의 멸망은 후대의 삼천궁녀 이야기로써 더욱 애절하게 보태졌다.
고란사는 이존오李存吾(1341~1371)의 글에서 낙화암 바위 틈에 소재한
'승사僧舍'로 적혀 있다

가리킨다.

왕녀가 무술을 연마하고 남해까지 찾아가 도사에게 선술仙術을 배우는 이야기는 조선시대에는 상상할 수도 없는 발상이었다. 계산 공주 설화가 조선시대에 돌연히 창작되지 않았다는 방증이다. 사실 백제를 비롯한 삼국은 무武를 숭상하여 말 타고 활 쏘는 일을 일상적으로 하였다. 수백년 간에 걸친 동란이 이러한 풍조를 가속시켰다고 할 수 있다. 왕족을 비롯한 지배층이 수범을 보였다. 실제 화랑을 비롯한 지배층 전사단의 사망률이 높았다.

주지하듯이 한국 고대사회에서는 여성의 비중이 지대했다. 그렇기에 신라에서 3명의 여왕이 탄생할 수 있었다. 그리고 유목 사회 뿐 아니라 전세계적으로도 여성이 전사戰士로 활약한 사례가 적지 않았다. 이러한 맥락에서 볼 때 수백년 간에 걸친 동란의 시기에 끊임없이 소진되는 인적 자원을 보충하는 일은 백제의 시급한 현안이었다. 결국 여성도 참전하였고, 왕녀가 수범을 보이는 사례로서 계산 공주 이야기가 선을 보인 것이다. 임진왜란 때 여성들이 앞치마에 돌을 날라 주었다는 행주치마 전설은, 사실 여부를 떠나 성리학적 질

백제 멸망의 긴박한 상황에서
땅속에 급히 숨겨졌던
백제금동대향로

서 속의 조선이었지만, 여성의 참전을 알려주는 전통의 편린이었다.

환타지적인 성격을 지닌 계산 공주 설화는 사실로서 증명할 사료는 아직까지는 확인이 어렵다. 그렇지만 백제 멸망 당시 백제 왕실과 민중 사이에 회자되었던 어떤 역사적 사실이 '설화'의 형태로 오랜 동안 전승되어 왔을 가능성이 크다.

계산 공주 설화는 함축하고 있는 면이 적지 않았다. 가령 삼국시대 여성의 지위와 역할을 알려주는 적절한 소재로 판단되었다. 그렇기에 문화콘텐츠로서의 활용 방안을 모색해 보았다. 계산 공주 설화를 '이야기 확장하기'를 통해 2차 콘텐츠인 영화 · 게임 · 애니메이션 등 영상물로 기획하고, 3차 콘텐츠로 각종 캐릭터 상품과 OST · DVD · 여행상품으로 활용하는 것이다. 그럼으로써 소년들에게는 꿈과 재미를, 어른들에게는 동심童心을 자극하여 도전 정신을 촉발하는 촉매제가 되고, 관광상품 개발에도 한몫할 수 있다. 본고는 소재의 빈곤을 탓하며 유연하지 못한 경직된 사고로 인한 문화콘텐츠의 답보 현실을 타개하기 위한 고심의 산물로 평가받고 싶다.

아파트 속의 까치 한 쌍

참고문헌

『三國史記』『三國遺事』『紫巖集』『東京雜記』『宋書』『北史』

村山智順, 『民間信仰第三部 朝鮮の巫覡』, 朝鮮總督府調査資料 第三十六
　　輯(京城, 1932).
鄭在烈, 『金鰲勝覽』(경주, 津津堂, 1936).
三品彰英, 『新羅花郎の硏究』(東京, 平凡社, 1974).
江上波夫, 『騎馬民族國家』(東京, 中央公論社, 1979).
헤로도투스 著·박광순 譯, 『역사』(서울, 범우사, 1989).
박한제, 『박한제교수의 중국역사기행 3』(서울, 사계절, 2003).
김진경, 『고대 그리스의 영광과 몰락』(서울, 안티쿠스, 2009).
유동호, 『히스텔링-역사, 문화콘텐츠를 입다』(서울, 서경문화사, 2017).
이도학, 『삼국통일 어떻게 이루어졌나』(서울, 학연문화사, 2018).
이도학, 『분석고대한국사』(서울, 학연문화사, 2019).

姜英卿, 「韓國 古代社會의 女性; 三國時代 女性의 社會活動과 그 地位를
　　中心으로」 『淑大史論』 11·12합집(서울, 1982).
全榮來, 「百濟南方境域의 變遷」 『千寬宇先生還曆紀念 韓國史學論叢』(서
　　울, 正音文化社, 1985).
柳富鉉, 「『東京雜記』의 書誌學的 硏究」 『書誌學硏究』 7(서울, 1991).

https://opencg.co.kr/89 [밤이 오기 전에]
이승민, 「2천500년 전 스키타이 여전사는 중무장하고 싸웠다」 『연합뉴
　　스』(서울, 2020.9.23).

※ 제2부는 이도학, 「원천 콘텐츠로서 백제 계산 공주 설화 탐색」 『단군
　　학연구』 42(서울, 2020)를 수록하였다.

찾아보기

• 이도학 李道學

한양대학교 대학원 사학과에서 '백제 집권국가형성과정 연구'로 박사학위 취득.

연세대학교와 한양대학교 사학과 강사를 거쳐 2000년 2월부터 현재 문화재청에서 설립한 4년제 국립대학인 한국전통문화대학교 융합고고학과 교수와 한국전통문화대학교 역사문화연구소 소장으로 재직 중이다. 그리고 한성백제문화제 추진위원회 위원장을 맡고 있다.

동아시아고대학회 회장, 한국연구재단 전문위원, 문화재청 고도보존중앙심의위원회 위원, 충청남도 문화재위원, 대통령표창, 한국전통문화대학교 문화유산대학 학장, 일반대학원 원장 역임.

주요 논저 : 『한국고대사의 쟁점과 과제(2017)』, 『백제 도성 연구(2018)』, 『가야는 철의 왕국인가(2019)』, 『분석고대한국사(2019)』, 『무녕왕과 무령왕릉(2020)』, 『새롭게 해석한 광개토왕릉비문(2020)』, 『고구려 도성과 왕릉(2020)』 등 저서 29권. 「『三國史記』온달전의 出典 摸索(2017)」, 「三國時代의 儒學 政治理念에 의한 統治 分析(2018)」, 「弁韓 '國出鐵' 論의 檢證(2018)」, 「伴跋國 位置에 대한 論議(2019)」, 「고구려 건국세력의 정체성 논의(2020)」 등 논문 250편.

백제 계산 공주 이야기

초판인쇄일	2020년 12월 23일
초판발행일	2020년 12월 25일
지 은 이	이도학
발 행 인	김선경
책 임 편 집	김소라
발 행 처	서경문화사
주 소	서울시 종로구 이화장길 70-14(204호)
전 화	743-8203, 8205 / 팩스 : 743-8210
메 일	sk8203@chol.com
신 고 번 호	제1994-000041호
ISBN	978-89-6062-228-9 03910

ⓒ 이도학 · 서경문화사, 2020